René Baumer

Von Verzweiflung und der Sehnsucht nach Freiheit

René Baumer (1906-1982) wurde 1906 in La Mulatière geboren. Er arbeitete als Bildhauer, Maler und Schriftsteller und schloss sich im Frühjahr 1940 in Vaux-en-Velin (bei Lyon) der Widerstandsbewegung gegen die deutsche Besatzungsherrschaft an. Anfang April 1944 wurde er mit seinem Vater zusammen verhaftet und nach sechswöchiger Haft im Gestapo-Gefängnis Montluc in das KZ Neuengamme gebracht. Einen Monat später kam er in das Außenlager Hannover-Stöcken. Nach der fast vollständigen Räumung des Lagers wurde er auf den Fußmarsch in das KZ Bergen-Belsen getrieben. Dort erlebte er am 15. April 1945 die Befreiung des Lagers und konnte im Mai 1945 nach Frankreich zurückkehren. Bis zu seinem Tod in Lyon 1982 arbeitete er als Zeichenlehrer, Künstler und Schriftsteller.

Entdeckt wurden seine Aufzeichnungen aus der KZ-Haft erst nach Baumers Tod von seinem Neffen *Daniel Contamin,* der sie 2004 in Frankreich herausgab.

Belit Onay ist Oberbürgermeister der niedersächsischen Landeshauptstadt Hannover.

Janet von Stillfried ist Historikerin und Autorin in Hannover.

Marion Fisch ist Mitarbeiterin für Lektorat und Herstellung im VSA: Verlag Hamburg.

René Baumer

Von Verzweiflung und der Sehnsucht nach Freiheit

Bericht und Zeichnungen eines Überlebenden der Konzentrationslager Neuengamme, Stöcken und Bergen-Belsen

Herausgegeben vom Verein
Gegen das Vergessen ./. NS-Zwangsarbeit e.V.

Aus dem Französischen von Marion Fisch

Mit einem Grußwort von Belit Onay,
einem Beitrag von Janet von Stillfried
und einem Vorwort von Daniel Contamin

VSA: Verlag Hamburg

www.vsa-verlag.de

Gefördert von Zentrale Angelegenheiten Kultur:
Städtische Erinnerungskultur

Projektbeteiligte
Verein »Gegen das Vergessen ./. NS-Zwangsarbeit e.V.«
Städtische Erinnerungskultur der Landeshauptstadt Hannover
Beatrice Kapellmann
Marion Fisch, VSA: Verlag

Umschlagabbildung: vorne: René Baumer, »Wenn wir im Morgengrauen oder am späten Abend endlos lange vor dem Eisentor stehen ...«
(siehe S. 74 in diesem Buch); hinten: Portraitzeichnung René Baumers, angefertigt durch Marcel Chichéry (s. S. 89)

Druck und Buchbindearbeiten: CPIBooks GmbH, Leck
ISBN 978-3-96488-082-6

Inhalt

Grußwort

Das Bewusstsein für die verschiedenen Epochen der Stadtgeschichte Hannovers verändert sich dynamisch. Die in den vergangenen Jahren gestärkte Erinnerungskultur hat viel dazu beigetragen, dass die Auseinandersetzung mit der Zeit des nationalsozialistischen Regimes auch in unserer Stadt intensiver geworden ist. Konstruktiv-kritische Diskussionen über die Ursachen, Herrschaftsmethoden und andauernden Nachwirkungen dieses dunklen Kapitels der Stadtgeschichte sowie die gemeinsame Auseinandersetzung mit den Überlebenden wie mit interessierten Bürgerinnen und Bürgern nehmen einen gebührenden Platz in der Öffentlichkeit ein.

Zukünftig bietet sich das ZeitZentrumZivilcourage in der Mitte Hannovers, gegenüber dem Neuen Rathaus, als Kristallisationspunkt kritischer Auseinandersetzung an. Dort werden die bisher weniger beachteten Orte der Täterschaft in der Stadt ein besonderes Thema sein. Das terroristische Regime herrschte in seinen Zwangsarbeitslagern und Konzentrationslagern mit barbarischer Gewalt über die Gefangenen und Deportierten. Diesem Zivilisationsbruch sind tausende in der NS-Gesellschaft stigmatisierte Hannoveranerinnen und Hannoveraner und weitere zigtausende hierher zur Zwangsarbeit verschleppte Kinder, Frauen und Männer aus West- sowie insbesondere aus Osteuropa zum Opfer gefallen.

Die Aufmerksamkeit für die Konzentrationslager sollte heute noch stärker als bisher auf die sieben in Hannover existierenden Außenlager des Konzentrationslagers Neuengamme gelenkt werden. An diesen ehemaligen Standorten offenbart sich der wahre Charakter der faschistischen Herrschaft.

Für ihre Opfer gab es in der Gesellschaft der unmittelbaren Nachkriegszeit viel zu wenig Anteilnahme und Verständnis. Aber lauter wurde auch hier der Ruf: »Nie wieder!« – der (leider) immer noch sehr aktuell ist!

Damals, nach dem Vernichtungskrieg, wussten die meisten, was »Nie wieder!« bedeutete. Damals gab es aber noch die Zeuginnen und Zeugen, die Überlebenden, die befragt werden konnten oder denen anzusehen war, dass sie, wie der Autor dieses Buches, die »deutschen Höllen« überstanden hatten. Von ihnen gibt es immer weniger.

Ich bin mir sicher, dass die meisten jungen Leute sich heute kaum vorstellen können, dass Diskriminierung, Ausgrenzung und körperliche Gewalt bis hin zu Mord für die Verfolgten in unserer Nachbarschaft in Hannover zum nationalsozialistischen Alltag gehörten. Die Bilder und Texte René Baumers aus dem Konzentrationslager Neuengamme in Hamburg, dem Konzentrationslager Stöcken der Accumulatoren-Fabrik sowie aus dem Konzentrationslager Bergen-Belsen helfen dabei, ein besseres Verständnis, aber auch eine genauere Anschauung und mehr Realitätssinn dafür zu entwickeln, was das NS-Regime für die Entrechteten, Verfolgten und gesellschaftlich Ausgestoßenen bedeutete. Außerdem glaube ich, dass das Buch des Künstlers und Résistance-Angehörigen René Baumer bei uns heute die Empathie für die Verfolgten anregt.

Es ist ein großes Verdienst aller Beteiligten an dieser Publikation, das Werk René Baumers aus dem Französischen an die deutschsprachige Öffentlichkeit gebracht zu haben. Ich danke dem Verein »Gegen das Vergessen ./. NS-Zwangsarbeit e.V.«, dem VSA: Verlag und der Städtischen Erinnerungskultur für das vielfältige Engagement. Ich freue mich, dass die Förderung der Landeshauptstadt zum Gelingen beigetragen hat, wenn auch finanzielle Mittel hierbei nicht die größte Bedeutung haben. Ohne Engagement kann ein derartiges Werk nicht entstehen.

Ich wünsche dem Buch eine große Wirksamkeit.

Belit Onay
Oberbürgermeister der Landeshauptstadt Hannover

Janet von Stillfried

Vom Überleben und Sterben, von Freundschaft und Mitgefühl …

René Baumer und das KZ Stöcken in Hannover

Als ich vor einigen Jahren im Auftrag der Stadt Hannover mit meinen Forschungen zu den Opfern des KZ Stöcken begann, um ein Gedenkbuch zu erstellen, kannte ich René Baumers Häftlingszeichnungen bereits viele Jahre. Daher wusste ich von seinen Anmerkungen zum Tod, Verbleib oder zur Funktion der Häftlinge auf seinen Portraitskizzen. Auf der Suche nach diesen Notizen und Zeichnungen fand ich schließlich, vollkommen unerwartet, seinen Bericht aus den Konzentrationslagern Neuengamme, Stöcken und Bergen-Belsen.[1] René Baumer richtet sich mit diesem Bericht *»An alle [s]eine unglücklichen Kameraden, die in den Massengräbern von Neuengamme, Stöcken und Bergen-Belsen schlafen«.*[2] Es ist ein dokumentarisches Tagebuch, das durch seine sehr menschliche Art berührt. Die Themen sind zugleich historisch und zeitlos, sie gehen sehr nah und führen mit aktuellen Fragen in die heutige Gesellschaft.

Das KZ Stöcken – von René Baumer im Februar 1945 gezeichnet …

Baumers feinsinnige, ausdrucksstarke Häftlingsportraits werden zum Zeugnis des Lebens, Leidens und Sterbens im KZ. Ihre Intensität und Tiefe liegt in der Schlichtheit und Unmittelbarkeit, da sie während seiner Haft direkt am Ort des Geschehens entstehen. Mit den geringen zur Verfügung stehenden Materialien zeichnet er Portraits und hält heimlich immer wieder auch Alltagsszenen der KZ-Haft fest, die ihm bei Entdeckung das Leben hätten kosten können. Zusammen mit seinem »KZ-Tagebuch« ergibt sich dadurch eine wertvolle, unverfälschte und noch heute nachvollziehbare Dokumentation, die uns hilft, die zeitliche Distanz zu überbrücken.

Es ist gleichzeitig ein positives Beispiel für Toleranz und Mitgefühl, in dem die sich während der Haft, in einer unmenschlichen Situation, entwickelnden Freundschaften und das starke Zusammengehörigkeitsgefühl in diesem verzweifelten Überlebenskampf deutlich werden.

Die Qualen der Opfer setzen sich mit ihrer Befreiung fort. Es sind nicht nur die körperlichen Folgen der Haft, sondern gerade auch die seelischen Schmerzen, die sich kaum bewältigen lassen. Die Rückkehr in die »normale« Gesellschaft und der soziale Umgang miteinander ist insgesamt nicht einfach, wie René Baumer es treffend beschreibt: »In der Métro, bei meinen ersten Schritten auf den Pariser Boulevards, in der Menge – bin ich wieder ein Mensch geworden wie die anderen? Nein, noch nicht! Es ist schwierig für mich, der Neugier zu entkommen. Gehe ich vorbei, scheinen sie zu sagen: ›Da ist ja einer, der von dort zurückkommt.‹ Meine kurzen Haare, meine

… und auf einer Fotografie vom September 1946

müden Gesichtszüge, die Blässe meines Gesichts, meine Magerkeit, mein zögernder Gang verraten mich.

Dennoch erscheinen mir die Folterlager schon weit weg!

Nein, sie sind da, ganz nah, ich werde ihr Spiegelbild sehen.«[3]

Als René Baumer im April 1944 – gemeinsam mit seinem Vater – aufgrund ihrer Widerstandsaktivitäten verhaftet wird, ist er mit seinen 37 Jahren ein in Frankreich bekannter Bildhauer, Maler und Schriftsteller.[4] Eigentlich gehört er zu einer Altersgruppe, die nur sehr geringe Überlebenschancen im KZ aufweist, aber als ehemaliger Sportler und durch seine künstlerische Existenz besitzt er eine enorme physische sowie psychische Stärke. Im Konzentrationslager gehört er zu den politischen Häftlingen, weswegen er einen roten Winkel auf seiner Häftlingskleidung – mit der Nummer 34958 –tragen muss. Die Kunst und sein selbst gesetzter Auftrag zur Dokumentation des KZ-Alltags für »seine Kameraden« sind es wahrscheinlich, die ihm während seiner Haft Kraft und Antrieb zum Überleben geben.

Über das berüchtigte Gestapo-Gefängnis Montluc in Lyon, das Durchgangslager Compiègne und das KZ-Stammlager Neuengamme[5] in der Nähe von Hamburg kommt René Baumer schließlich Anfang Juli 1944 mit einem Transport zum KZ Stöcken im Norden Hannovers. Im Stadtteil Marienwerder, ungefähr 120 Meter südwestlich des neuen Werkes der Accumulatoren-Fabrik (AFA) war hier das KZ Stöcken ein Jahr zuvor, ab dem 17. Juli 1943, von einem Häftlingsvorauskommando errichtet worden. Dieses Konzentrationslager ist das größte, am längsten existierende Hannovers und Teil eines kriegswichtigen Rüstungsbetriebs, der zur Familie Quandt gehört. Dort stellt die AFA Antriebsbatterien für U-Boote, Torpedos und die Fernrakete V2 für die Rüstungsindustrie her.[6]

Neben den Arbeiten im KZ selbst werden die Häftlinge in der AFA-Produktion eingesetzt, zunächst unter anderem in der Kunststoffabteilung. Wenig später sind sie auch in der neuen Bleiabteilung tätig, wo nur wenige Deutsche arbeiten. Fehlender Arbeitsschutz und Drangsalierungen der KZ-Häftlinge führen häufig zu (tödlichen) Unfällen, schweren Gesundheitsschäden und Bleivergiftungen. Zu diesen lebensbedrohlichen Arbeiten gehört der Einsatz in der Bleigießerei, von der René Baumer berichtet, in der Pastiererei, der Säureabteilung und an den heißen Konterwalzen. Der Bleistaub ist überall, selbst im Lager, am und im Körper, besonders in den Lungen, und verursacht schmerzhafte Bleivergiftungen, die zu einem qualvollen Tod führen. Die Häftlinge erhalten zudem nur sehr wenig Es-

Links: Kurt Klebeck, der Lagerführer des KZ Stöcken, rechts: Paul Maas, der Rapportführer, auch »Spieß« genannt (Fotos aus Prozessunterlagen)

sen und Trinken, wodurch die Überlebenschancen ohnehin gering sind. Schon bei der Beantragung des KZ durch die AFA wird daher mit einer »Fluktuation« von 80 »A.K.« (Arbeitskräften), also Häftlingen, im Monat ausgegangen, das wären etwa 1.600 einkalkulierte Tote bis zum Kriegsende.

Im ersten Jahr des Bestehens und während des Aufbaus des KZ Stöcken wechseln die Lagerführer häufig, bis Hans Hermann Griem die Leitung übernimmt. Im Juli 1944, als René Baumer im KZ Stöcken eintrifft,[7] wird schließlich Kurt Klebeck Lagerkommandant, der diese Funktion bis zum Evakuierungsbefehl Anfang April 1945 ausübt und gleichzeitig Stützpunktleiter aller hannoverschen KZ-Außenlager ist. Neben dem KZ-Lagerkommandanten bestimmt der Rapportführer – auch »Spieß« genannt – entscheidend die Überlebenschancen der Häftlinge, weil er Befehle umsetzt, Kapos[8] auswählt und in unmittelbarem Kontakt zu den Häftlingen steht. Lagerkommandant und Rapportführer sind in ihren Handlungsspielräumen unmittelbar mit dem Schicksal und dem Überlebenskampf der Häftlinge verbunden.

Der Spieß, Paul Maas, ist für die Häftlinge der »König« des Konzentrationslagers Stöcken. Er gilt als ausgesprochen brutal, oft auch grausam, und erteilt Befehle für Erschießungen. Es gibt einen Lagerältesten, dazu einen Stellvertreter, für die fünf Häftlingsbaracken im KZ Stöcken jeweils einen Blockältesten, einen Stubenältesten und die Arbeitsdienstkapos der Kunststoff- sowie Gießereiabteilung mit jeweils einem Schichtkapo, zunächst im Drei-, später im Zweischichtensystem. Der Schichtkapo hat wiederum etwa vier Unterkapos mit bis zu 250 Häftlingen unter sich.

Das »Krankenrevier« oder auch »Revier« gilt unter den Häftlingen als Sterbeort. Dort gibt es nur eine geringe oder keine Versorgung, weshalb die Häftlinge vermeiden, hierhin zu gelangen. Schwache

Links: Albert Reich, der Kapo und Blockälteste von Block 4; rechts: Willi Werner, der Kapo mit dem Spitznamen »Kartoffelkönig« (Fotos aus Prozessunterlagen)

Häftlinge werden auch von hier aus in das Stammlager Neuengamme gebracht, wo sie dann vermutlich den Tod finden.

Im Alltag der KZ-Häftlinge sind es die Kapos im Lager und beim Arbeitseinsatz, aber auch die SS-Männer, die über die Häftlinge herrschen, sie grausam foltern und töten – teilweise sogar in der Fabrik und auf Anweisung der AFA-Mitarbeiter. Die Kapos benutzen häufig mit Blei gefüllte Schläuche, um die Häftlinge überall und jederzeit – auch nachts – zu schlagen. Sie fügen ihnen schwere Verletzungen zu, sodass viele Häftlinge zum Sterben in das »Revier« gebracht werden.

Der Kapo der Kartoffelschälküche mit dem Spitznamen »Kartoffelkönig« nutzt zum Beispiel zusätzlich besonders perfide Foltermethoden, wobei er die Häftlinge bei seinen gefürchteten Wutanfällen mit Schlägen und Fußtritten fürchterlich zurichtet. Er setzt aber auch eine Art Wasserfolter ein oder quält die Häftlinge auf andere Weise, wie es ihm gefällt, manchmal bis sie im Sterben liegen. René Baumer ist in Block 4 untergebracht, wo der Kapo »Albert« als »Blockältester« grausam herrscht.

Die zunehmenden Luftangriffe fordern zusätzliche Todesopfer. Zum Schutz stehen den Häftlingen nur unzureichende, teilweise bis zu 60 cm überflutete »Splitterschutzgräben« im Lager zur Verfügung, was besonders im Winter zur weiteren Verschlechterung ihrer Situation führt und sie zusätzlich schwächt.[9] Selbst nachts werden sie aus den Betten[10] getrieben. Manchmal müssen sie sich dann ausziehen, werden mit kaltem Wasser hart abgespritzt und stehen bei zweistelligen Minusgraden Appell, wobei sie sich nicht bewegen dürfen. Im Sommer wiederum zwingen die Täter die Häftlinge stundenlang bei Hitze stillzustehen, teilweise bis zum Kreislaufkollaps und Tod. Währenddessen schlagen die Kapos oft erbarmungslos auf sie ein. Sonntags müssen sie »Sport« treiben oder einen schweren Rollwagen sinnlos hin- und herschieben. Dies ist ebenfalls eine beliebte Quälerei der Bewacher, um die Häftlinge zu demütigen und zu brechen.

Solidarität kann unter den Häftlingen im Überlebenskampf nur selten entstehen. Diebstähle von Essen, Decken oder sonstigen überlebenswichtigen Dingen sowie Schlägereien sind an der Tagesordnung. Freundschaften, wie die zwischen René Baumer und Eugène Géret, bieten Halt und sind überlebenswichtig. Diese Schicksalsgemeinschaft stützt sich während der KZ-Haft in jeder Beziehung sowie auf jede erdenkliche menschliche Art und Weise. Insgesamt erfahren die Gefangenen nur wenig Empathie und Mitmenschlichkeit wie beispielsweise von dem deutschen Kapo »Jupp« (bei Baumer Jup genannt), dem Häftlingsarzt Wenzel Silha, dem Zwangsarbeiter Lucien Plessis oder auch einigen Mitarbeitern der AFA. Zum Vergleich zwischen dem KZ Stöcken und dem KZ Bergen-Belsen hält René Baumer später rückblickend fest: »In Belsen war der Tod brutaler. In Stöcken dauerten die Todeskämpfe länger.«[11]

Im August 1944 besitzt das KZ Stöcken schließlich eine Belegstärke von 1.500 Häftlingen. Überlebende berichten, dass es monatlich einen enormen Austausch von schwachen Gefangenen gegen neue »Arbeitskräfte« aus dem Stammlager gibt. Zeitzeugen schildern, dass zum Kriegsende nach jedem Schichtende erschöpfte, schwerverletzte oder tote KZ-Häftlinge ins Lager gebracht werden. Außer bei den beiden offiziellen Hinrichtungen – im August 1944 von Helmut Stankus und einen Monat später von Zygmunt Gordiejew vor den Augen aller Häftlinge – kommt es auch immer wieder zu Erschießungen insbesondere durch den SS-Mann »Türk«, der daraufhin den Beinamen »Kopfjäger« erhält. Täglich werden Gewaltexzesse an den Häftlingen im KZ, aber auch an der Arbeitsstelle, von Mitarbeitern, Kapos und SS-Männern verübt. Berüchtigt dafür ist ein Keller unterhalb der Kunststoffabteilung, in dem Häftlinge unter anderem auf Veranlassung von und durch Mitarbeiter der AFA gefoltert werden.[12]

Am 25. März 1945 befinden sich etwa 1470 Gefangene im KZ Stöcken. In der Nacht vom 28. auf den 29. März 1945 bringt das Schwedische Rote Kreuz im Rahmen der »Aktion Bernadotte« für den Austausch von 73 dänischen Häftlingen aus den hannoverschen Konzentrationslagern zusätzlich 430 kranke und marschunfähige Häftlinge aus dem Stammlager zum KZ Stöcken, einige davon bereits im Sterben liegend. Anfang April 1945 sind daher schätzungsweise 1.800

Häftlinge im KZ Stöcken. Die Versorgung wird immer schlechter, bis sie schließlich in den letzten Tagen für die verzweifelten Gefangenen ganz eingestellt wird und die Gewalt sowie Todesrate in dem vollkommen überbelegten KZ entsprechend hoch ist. Jetzt beginnen die Täter schließlich ihre Spuren aufgrund der nahenden Ankunft der Alliierten zu verwischen.

In dieser Situation kommt der Lagerführer des Frauenkonzentrationslagers Limmer, Otto Thümmel, zur Vertretung Kurt Klebecks – der sich im Urlaub befindet – nach Stöcken. Klebeck selbst kehrt nach eigenen Angaben erst kurz nach »Ostern« wieder zurück, als die Vorbereitungen zur Evakuierung bereits getroffen wurden. Der offizielle Evakuierungsbefehl erfolgt am 6. April 1945, wobei sich die Räumung für die marschfähigen und »kranken« Häftlinge über mehrere Tage vollzieht. Zunächst werden Häftlinge, die noch gehen können, am 7. April 1945 auf den »Todesmarsch«[13] zum KZ Bergen-Belsen geschickt, die »kranken« Gefangenen bleiben im KZ Stöcken zurück.[14]

Paul Maas führt den Todesmarsch der etwa 1.200 Häftlinge zum KZ Bergen-Belsen an, wobei sich Wilhelm Genth[15] in der Mitte oder – meistens – am Ende des Zuges aufhält. Die Bewachung besteht aus den Kapos, Marine- und Luftwaffensoldaten, die für das KZ Stöcken abgestellt wurden, sowie SS-Männern. Die Kolonne der erschöpften Häftlinge zieht sich bald über eine Länge von ca. einem Kilometer und mischt sich zum Teil mit Gefangenen anderer hannoverscher Konzentrationslager, die sich ebenfalls auf dem Todesmarsch zum KZ Bergen-Belsen befinden. Häftlinge, die nicht Schritt halten können, werden erschossen, nach Zeugenaussagen meist von Genth. Zwischen 20 und 50 KZ-Häftlinge sollen bis zur Ankunft am KZ Bergen-Belsen am Abend des 8. April 1945 Opfer der Erschießungen geworden sein. Unter den Ermordeten befindet sich auch René Baumers Freund Eugène Géret, den er verzweifelt versucht zu retten, aber in seinem eigenen Überlebenskampf sterbend zurücklassen muss. Sein Freund wird kurz vor dem KZ Bergen-Belsen von Genth erschossen und mit weiteren ermordeten Häftlingen in einer Mulde im Wald kurz hinter dem Ort Winsen/Aller verscharrt.

Wilhelm Genth von der SS, der René Baumers Freund und Mithäftling Eugène am 8. April 1945 erschoss

Der überwiegende Teil der Gefangenen des KZ Stöcken stirbt jedoch im KZ Bergen-Belsen. Bis zum 15. April 1945, dem Befrei-

Links oben: Die Zwillingsbrüder Henri und Eugène Géret (rechts), 29. Mai 1937; rechts oben: Stöcken, 28.1.1945. Eugène Geret (Häftlingsnummer 34309), »Tischeltester«

Links: René Baumer trägt seinen Freund Eugène Géret auf dem Todesmarsch zum KZ Bergen-Belsen, 8. April 1945

Unten: René Baumer (hier im Juni 1954 mit Henri Géret, l., auf dem Boulevard Montparnasse in Paris) war nach dem Krieg mit der Familie von Eugène Géret freundschaftlich verbunden.

ungstag, gibt es kaum oder sogar keine Versorgung der Häftlinge mehr. Täglich kommen bis dahin Häftlinge aus anderen Konzentrationslagern an, sodass vermutlich 53.000 Gefangene am Ende dort eingesperrt sind. Seuchen grassieren und fordern viele Opfer. Zwischen den Leichenbergen kämpfen die entkräfteten, ausgemergelten, kranken Gefangenen jeden Tag um ihr Überleben miteinander, aber auch gegeneinander, hoffend und wissend, dass die Befreier sehr nah sind. Nur wenige Bewacher wagen es in dieser Zeit überhaupt noch das Lager zu betreten.

René Baumer muss hilflos mit ansehen, wie seine Freunde sterben, und kämpft kurz vor der Befreiung um sein eigenes Leben. In dieser apokalyptischen Situation und mitten in diesem tödlichen Chaos erfährt er eine seltene und daher besonders wertvolle menschliche Geste: »Wir suchen Landsleute, um sie nach deportierten Angehörigen auszufragen, denen sie begegnet sein könnten. Ich weiß nicht, wie diese Frauen sich zu helfen wissen, aber es gelingt ihnen eher als uns, sich Wurzeln und Steckrüben zu besorgen. Sie erweisen sich als gutherzig und hilfsbereit. Eine Frau aus Lyon gibt mir von einem Stück Steckrübe (...) die Hälfte ab. Ich werde ihr dafür ewig dankbar sein.«[16]

Endlich sind die britischen Alliierten da, aber nach der Befreiung setzt sich das massenhafte Sterben fort. Die Befreier, selbst oft traumatisiert, sind zunächst vollkommen überfordert und versuchen möglichst viele Überlebende zu retten, aber letztendlich sind es vermutlich 14.000, die jetzt noch den Tod finden. René Baumer, inzwischen selbst schwer erkrankt, verdankt in dieser Situation sein Leben Jean Foliot, der sich um seine Versorgung kümmert.[17]

Bei der Ankunft im KZ Bergen-Belsen werden nach Zeugenaussagen weitere etwa 120 Häftlinge des KZ Stöcken selektiert und zu Arbeiten im Stammlager Neuengamme, das sich in Auflösung befindet, mitgenommen. Von dort kommen wiederum Ende April 1945 alle Häftlinge des KZ Neuengamme in mehreren Transporten zur Lübecker Bucht und werden auf den Schiffen Thielbek, Athen sowie Cap Arcona eingesperrt. Am 3. Mai 1945 erfolgt ein Angriff der britischen Luftwaffe, der auch die »KZ-Schiffe« betrifft. Dabei sterben allein auf der Cap Arcona ungefähr 7.000 KZ-Häftlinge. In dem Überlebenskampf spielen sich grausame Szenen ab. Die meisten Gefangenen ertrinken oder verbrennen, dabei schießen die britischen Piloten auf die Menschen. Diejenigen, die das rettende Ufer erreichen, werden durch deutsche SS-Männer und Angehörige der Hitlerjugend getötet. Auch unter dieser Opfergruppe sind laut Zeugenaussagen Häftlinge aus dem KZ Stöcken.[18]

Für die Evakuierung der im KZ Stöcken zurückgebliebenen Häftlinge versucht der Lagerkommandant Kurt Klebeck vergeblich Fahrzeuge zu organisieren und wendet sich daraufhin an das Polizeirevier in Stöcken, das mehrere Luftschutzpolizisten zur Bewachung abstellt. Schließlich wird am 8. April 1945 auf dem Werksgleis der AFA ein Güterzug mit acht Viehwaggon zum Abtransport der verbliebenen 568 Gefangenen bereitgestellt, die seit dem 6. April 1945 nicht mehr versorgt wurden und denen in ihrer lebensbedrohlichen, verzweifelten Situation jetzt etwas Brot hingeworfen wird. In der Nacht hält der Zug in Herrenhausen, wo einigen Häftlingen während eines Luftangriffs aus den unbewachten Waggons die Flucht gelingt.

Angesichts der sich nähernden Front kommt der Zug nach einer längeren Irrfahrt,während der bereits viele Häftlinge gestorben sind, am 9. April 1945 am Bahnhof des kleinen Ortes Mieste, in der Nähe von Gardelegen, an. Häftlinge des KZ Mittelbau-Dora sind bereits vor Ort. Am 12. April 1945 geht ihr gemeinsamer »Todesmarsch« – bei dem nur einigen Gefangenen die Flucht gelingt, während viele andere sterben – über mehrere Ortschaften zu einer Feldscheune nach Isenschnibbe.

Dort werden die KZ-Häftlinge unter Beteiligung der SS, von ausgewählten Häftlingen, Angehörigen der Hitlerjugend, des Volkssturms, des Reichsarbeitsdienstes, des Technischen Notdienstes sowie der Feuerwehr am 13. April 1945, wenige Stunden vor der Befreiung, erbarmungslos verbrannt, erschossen und erschlagen. Nur ein paar Häftlinge überleben dieses Massaker wie durch ein Wunder. In der Scheune finden die Befreier schließlich 1.016 Leichen. Von den Ermordeten können nur noch 306 anhand ihrer Häftlingsnummern identifiziert werden.[19]

Die meisten ermordeten KZ-Häftlinge des KZ Stöcken der AFA bleiben, insbesondere infolge der Kriegsendverbrechen, unbekannt. Ihre Angehörigen und Freunde haben bis heute keine Gewissheit über ihr Schicksal oder auch nur einen Ort zum Trauern, geschweige denn zur Bewältigung des eigenen Schmerzes. Das Kriegsende – die sogenannte Stunde Null – bedeutete ebenfalls kein Ende des Leids für die Befreiten. Jetzt versuchten sich die Überlebenden mit ihren grausamen Erlebnissen zurück ins Leben zu kämpfen, und dies häufig in Nachkriegsgesellschaften, die uninteressiert bzw. überfordert waren oder sie sogar als angebliche »Kollaborateure« verfolgten. Manchen ehemaligen Häftlingen schien es daher vermutlich besser zu schweigen, weil es ohnehin keine Worte für das Erlebte gab, oder sie fürchteten ihr eigenes Trauma auf andere zu übertragen. Bis heute sind die Konsequenzen für die nachfolgenden Generationen aber konkret spürbar, weil rückblickend das Schweigen das für andere fühlbare Leid nicht verhinderte, sondern sogar teilweise verstärkte.

Bewusstseinsbildung zu den Konzentrationslagern, Recherchen und Forschungen zu Einzelschicksalen sind gerade in der gegenwärtigen Gesellschaft für eine gezielte Aufarbeitung von enormer Bedeutung. Das Gedenkbuch für das KZ Stöcken mit den Namen der Opfer, von denen der größte Teil für immer unbekannt bleiben wird, und auch die Publikation der deutschen Ausgabe von René Baumers Bericht sollen hierfür einen Beitrag leisten. Gleichzeitig kann dieses dunkle Kapitel der Stadtgeschichte Hannovers weiter aufbereitet werden, da es wieder neue Informationen und Aspekte enthält, die ein tieferes geschichtliches Verständnis des Themas ermöglichen und dadurch letztendlich auch für heutige Ereignisse den Blick schärfen.

Anmerkungen

1 Informationen zur Geschichte, den Todesmärschen und Kriegsendverbrechen des KZ Neuengamme vgl. www.kz-gedenkstaette-neuengamme.de, des KZ Bergen-Belsen vgl. https://bergen-belsen.stiftung-ng.de/de und zu den hannoverschen KZ vgl. Rainer Fröbe, Claus Füllberg-Stolberg, Christoph Gutmann u.a.: Konzentrationslager in Hannover, Hildesheim 1985, 2 Bd.

2 Vgl. Vorrede von René Baumer, S. 28.

3 René Baumer in diesem Buch, S. 122.

4 René Baumers Onkel sowie seine Tanten wurden bereits im Oktober 1943 bzw. April 1944 aufgrund ihrer Widerstandsaktivitäten von der Gestapo verhaftet und in verschiedene Konzentrationslager eingewiesen. Von seiner Familie überlebten nur sein Onkel und er selbst die KZ-Haft, vgl. Daniel Contamin in diesem Buch, S. 22.

5 Ein KZ-Stammlager verwaltet KZ-Außenlager. In diesem Fall ist Neuengamme das KZ-Stammlager und das KZ-Stöcken eines von mehr als 85 Außenlagern.

6 Zur Geschichte des KZ Stöcken der AFA – sofern nicht anders vermerkt – vgl. Hans Hermann Schröder: Das erste Konzentrationslager in Hannover. Das Lager bei der Akkumulatorenfabrik in Stöcken, in: Rainer Fröbe, Claus Füllberg-Stolberg, Christoph Gutmann u.a.: Konzentrationslager in Hannover, Hildesheim 1985, S. 44-107. Weitere Informationen zum KZ Stöcken wurden den Zeugenaussagen/Dokumenten aus Prozessunterlagen des folgenden Archivbestandes entnommen: Niedersächsisches Landesarchiv Hannover (NLA HA), Nds. 721 Hann. Acc. 97/99 Nr. 26/ohne Nummer, 3, 4.

7 Es handelt sich vermutlich um den von Überlebenden beschriebenen Transport vom KZ Neuengamme zum KZ Stöcken, der am 1. Juli 1944 erfolgte. Nach Aussage eines Zeitzeugen bestand der Transport zum überwiegenden Teil aus Franzosen. Darunter waren aber auch einige Griechen, Spanier, ein Italiener, ein Türke. Insgesamt waren es etwa 250 bis 290 Häftlinge.

[8] »Funktionshäftlinge« (Kapos, zum Beispiel Lagerälteste, Blockälteste, Stubenälteste, Lagerschreiber oder Arbeitskapos) wurden von der SS im KZ für ihre Zwecke und in ihrem Sinn eingesetzt. Sie mussten ihre Befehle ausführen, besaßen aber gewisse Handlungsspielräume, sodass sie sich sehr unterschiedlich verhielten. Die Häftlinge waren immer von ihrer Gnade abhängig.

[9] Ein Splitterschutzgraben ist für den Schutz während eines Luftangriffs gedacht und tatsächlich nur eine Art befestigter Graben mit sehr geringer Schutzwirkung.

[10] Zur Ausstattung in den Baracken vgl. S. 43, 62 in diesem Buch.

[11] René Baumer in diesem Buch, S. 121.

[12] In den zeitgenössischen Kremierungs-/Beerdigungsbüchern des Stadtfriedhofs Seelhorst finden sich immer wieder Hinweise auf Gewaltverbrechen mit Todesursachen wie »Auf der Flucht erschossen«, »Erhängen«, »Freitod/Selbstmord durch Erhängen«, »Tod durch den Strang«. Tötungsdelikte werden in den amtlichen Dokumenten beispielsweise auch mit »Herz- und Kreislaufschwäche« oder »Körperschwäche« angegeben. Siehe Stadtarchiv Hannover, Kremierungs-/Beerdigungsbücher des Stadtfriedhofs Seelhorst, 1943 bis 1945.

[13] Für Informationen zum Todesmarsch des KZ Stöcken vgl.: Herbert Obenaus: Die Räumung der hannoverschen Konzentrationslager im April 1945, in: Rainer Fröbe, Claus Füllberg-Stolberg, Christoph Gutmann u.a.: Konzentrationslager in Hannover, Hildesheim 1985, S.493-544.

[14] Kurt Klebeck fährt mit einem Motorrad zum KZ Bergen-Belsen, als die Häftlinge dort bereits eingetroffen sind. Er wird wenig später mit Otto Thümmel und anderen »SS-Offizieren« in einem Gasthof mit mehreren Frauen feiernd aufgegriffen und vor ein »SS- und Polizeigericht« gestellt, aber freigesprochen. In der Nachkriegszeit verurteilt ihn ein britisches Militärgericht zu zehn Jahren Haft, aber nach fünf Jahren, am 26. Februar 1952, wird er vorzeitig entlassen. Bis zu seinem Tod 2004 in Hamburg wird er immer wieder wegen seiner NS-Verbrechen angeklagt, aber ohne Erfolg. Vgl. http://media.offenes-archiv.de/kurtklebeck.pdf und zu Otto Thümmel: http://media.offenes-archiv.de/ss3_2_bio_1923.pdf (beide abgerufen am 20.7.2020).

[15] Aussage Rudolf P., Stiftung niedersächsische Gedenkstätten, Dokumentationsstelle Celle, TNA PRO/WO 309/401. Zu Wilhelm Genth vgl. http://media.offenes-archiv.de/ss1_3_3_bio_1918.pdf (Abruf 20.7.2020).

[16] René Baumer in diesem Buch, S. 108.

[17] René Baumer in diesem Buch, S. 119. Zur Situation im KZ Bergen-Belsen im April 1945 vgl. https://bergen-belsen.stiftung-ng.de/de/geschichte (Abruf 20.7. 2020).

[18] Zur Cap Arcona vgl. www.offenes-archiv.de/de/themenfokus-cap-arcona.xml (Abruf 20.7.2020). Weitere Informationen hierzu vgl. www.kz-gedenkstaette-neuengamme.de/geschichte/kz-aussenlager/aussenlagerliste/luebecker-bucht-neustadt-in-holstein-untergang-der-kz-haeftlingsschiffe/

[19] Vgl. Torsten Haarseim: Gardelegen 1945 – Dokumentation des Unfassbaren, Borsdorf 2015.

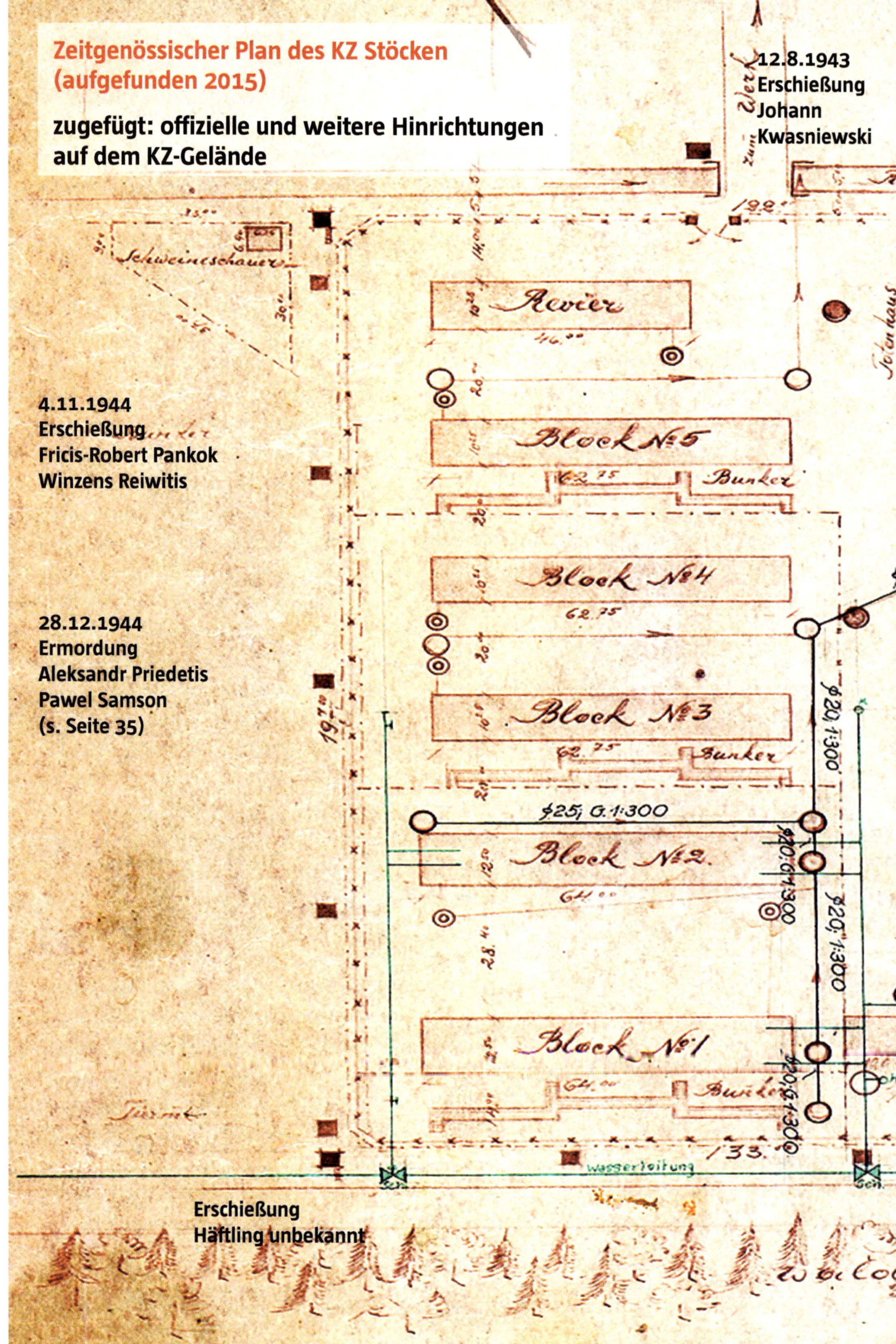

Zeitgenössischer Plan des KZ Stöcken (aufgefunden 2015)

zugefügt: offizielle und weitere Hinrichtungen auf dem KZ-Gelände

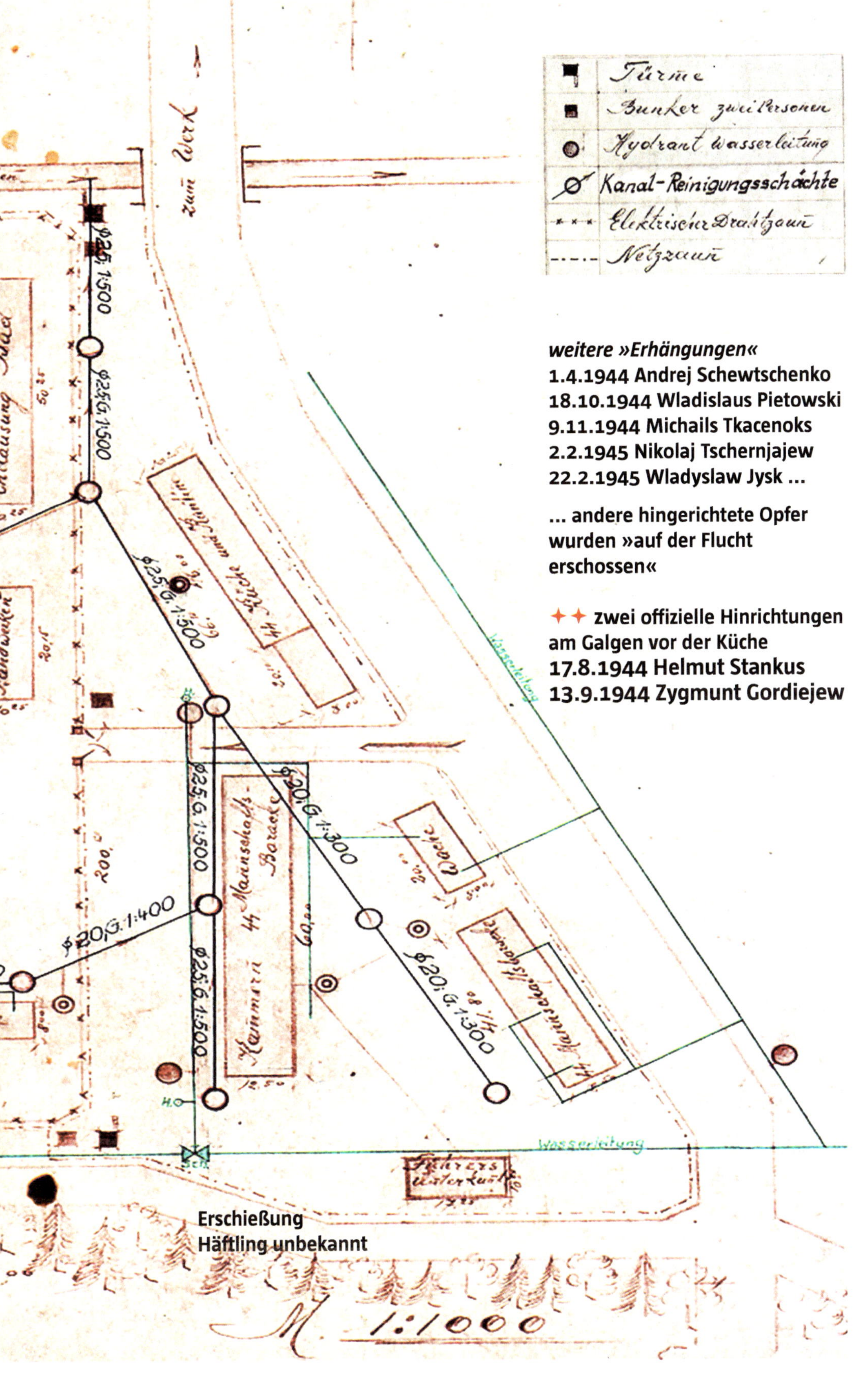

weitere »Erhängungen«
1.4.1944 Andrej Schewtschenko
18.10.1944 Wladislaus Pietowski
9.11.1944 Michails Tkacenoks
2.2.1945 Nikolaj Tschernjajew
22.2.1945 Wladyslaw Jysk …

… andere hingerichtete Opfer wurden »auf der Flucht erschossen«

✦✦ zwei offizielle Hinrichtungen am Galgen vor der Küche
17.8.1944 Helmut Stankus
13.9.1944 Zygmunt Gordiejew

Erschießung
Häftling unbekannt

Daniel Contamin

Über den Autor

Ich kenne den Leidensweg von René Baumers Familie gut, weil ich auch zu ihr gehöre, und der Mann, an den ich hier erinnere, ist mein Onkel. Ich weiß um die Geschichte dieser Familie und ihr Martyrium in der Zeit von 1940 bis 1945: Einer ihrer Angehörigen wurde erschossen, fünf wurden deportiert – von diesen wiederum überlebten nur zwei, darunter mein Onkel René Baumer.

Der Widerstandsgeist dieser Familie lässt sich bis auf den Krieg von 1870 und die Annexion von Elsass-Lothringen durch Deutschland zurückverfolgen. Renés Großvater, gebürtig aus Ribeauvillé (Haut-Rhin[1]), beteiligte sich unter dem Befehl von Oberst Denfert-Rochereau an der Verteidigung Belforts. Nach der Niederlage entschied er sich für die französische Staatsbürgerschaft[2] und lebte in Rougemont-le-Chateau (im Département Territoire de Belfort). Später kehrte er ins Elsass zurück und heiratete dort. Nach einigen Jahren ertrug er das preußische Joch nicht mehr und zog nach Lyon.

Dieser rebellische Geist wurde anlässlich des deutsch-französischen Waffenstillstands von 1940 wiederbelebt. Eine Mittlerrolle spielte dabei der Journalist Rémy Roure, der Bruder von René Baumers Mutter. Aus Paris, wo er gearbeitet hatte, setzte er sich wie viele andere in die Region Lyon ab, die in der »freien Zone«[3] lag. Dort wurde er bei seiner Schwester in Vaulx-en-Velin, einem damals sehr ländlich geprägten Dorf, aufgenommen. Rémy Roure war seinerzeit ein namhafter Vertreter der französischen Presse. Er arbeitete als politischer Redakteur der Zeitung *Le Temps* und sah sich in seinen politischen Überzeugungen bestärkt durch de Gaulles Appell zum Widerstand gegen die deutsche Besatzung. Der ehemalige Hauptmann de Gaulle war im Jahr 1916 als Kriegsgefangener Rémys Leidensgenosse in der Festung von Ingolstadt gewesen.

In Vaulx-en-Velin kam es zur tatkräftigen Vereinigung Gleichgesinnter. So entstand also der Widerstand, die Résistance! Auf unterschiedliche Weise engagierten sie sich für das *Bulletin de la France combattante*, ein Nachrichtenblatt der Résistance, das Rémy Roure mit herausgab, nachdem er sich in der Rue Cuvier in Lyon niedergelassen hatte. Diese Aktivitäten dauerten bis zum April 1944, dem

[1] Wörtlich Ober-Rhein, dt. Oberelsass (Anm. d. Übers.).

[2] Die Bewohner Elsass-Lothringens hatten nach den Bestimmungen des Friedensvertrages von Frankfurt die Möglichkeit, sich bis zum 1. Oktober 1872 für die Beibehaltung der französischen Staatsbürgerschaft zu entscheiden. Ursprünglich war vorgesehen, dass diese sogenannten Optanten das Land verlassen mussten. Letztlich wanderte nur ein Bruchteil von ihnen tatsächlich nach Frankreich aus (Anm. d. Übers.).

[3] Das heißt in der seinerzeit nicht von Deutschland besetzten Zone (Anm. d. Übers.).

Zeitpunkt ihrer Festnahme durch die Gestapo. Bereits zuvor, am 11. Oktober 1943, war Rémy Roure bei dem Versuch, amerikanische Piloten nach London passieren zu lassen, verwundet und verhaftet worden. Er wurde nach Buchenwald deportiert und kehrte 1945 von dort zurück. Seine Schwester Adrienne Baumer (René Baumers Mutter) wurde zur selben Zeit verhaftet wie seine Frau, Hélène Roure. Beide wurden nach Deutschland deportiert und kamen im Frauenkonzentrationslager Ravensbrück um.

René Baumer wurde in Begleitung seines Vaters in Vaulx-en-Velin verhaftet, in Montluc interniert und nach Compiègne überführt. Beide wurden zur selben Zeit in das KZ Neuengamme deportiert, wo Renés Vater starb. Es ist Renés lange und schmerzvolle Reise, über die er in dem vorliegenden Buch Zeugnis ablegt. Dessen Herausgabe stellt, das möchte ich unterstreichen, ein Paradoxon dar.

Zwei Ölgemälde von René Baumer, in denen er an die KZ-Haft erinnerte: Der Deportierte« und »Ein Frühling in Bergen-Belsen«

In der Tat habe ich lange geglaubt, dass René zu jener Kategorie Deportierter gehört, die sich weigerten, über das Erlebte zu sprechen, und sich in Schweigen hüllten. In all den Jahren, in denen ich mit ihm zusammenkam, habe ich ihn selten die Erinnerung an die Lager wachrufen hören, und wenn, dann geschah es nur in Bruchstücken. Seine persönlichen Mitteilungen betrafen übrigens eher das »Danach«. Zum Beispiel die ruhelosen Nächte, die von Albträumen beherrscht waren, sodass er sich festbinden musste, um nicht aus dem Bett zu fallen ...

Wenn ich mir Renés Schweigen über diese Periode ins Gedächtnis zurückrufe, dann meine ich freilich sein Schweigen über das Lagerleben. Denn als Künstler hatte er in den Jahren 1960 bis 1965 zwei große Ölgemälde auf Leinwand erstellt, die durch seine Albträume inspiriert waren:

»Der Deportierte« (1,15 m x 1,50 m), im Bestand des Museums der beiden Weltkriege in Paris, und »Ein Frühling in Bergen-Belsen« (2,5 m x 3 m) im Museum der Résistance und der Deportation von Besançon. Diese Gemälde, die ungefähr zwanzig Jahre nach der Verfolgung entstanden, zeigten – ähnlich wie ein Reifungsprozess – die Vollendung einer Suche nach der bildlichen Darstellung seiner Erfahrungen.

Nach René Baumers Tod wurde ich als sein Testamentsvollstrecker herangezogen. Ich staunte, als ich in seinem Nachlass ein Manuskript entdeckte, das die Überschrift trug: »*Vom Exil, vom Hunger, vom Tod, Bericht eines Überlebenden der deutschen Höllen, illustriert mit seinen in den Lagern angefertigten Zeichnungen*«.

Ich verstand nun, wie sehr ich mich in seinem scheinbaren Schweigen getäuscht hatte. Insgeheim – und somit im Stillen – hatte er das Bedürfnis verspürt, über sein Leben im Lager zu schreiben. Ohne Zweifel war es ein Ventil und sollte das Erlebte wohl anderen durch das Geschriebene und die Zeichnung vermitteln. Ein einfacher Augenzeugenbericht, der das Sprechen überflüssig macht. Überflüssig für wen? Waren diejenigen, für die dieser Bericht bestimmt war, bereit, sich dem Undenkbaren zu stellen? Wer konnte das hören und daran glauben? Zum Teil noch im Lager Bergen-Belsen auf kleinen Blättern geschrieben, die inzwischen stark vergilbt und nur noch in Fragmenten vorhanden sind, ist dieser Text nach der Befreiung des Lagers im April 1945 im Krankenhaus Bergen verfasst und gleich nach der Rückkehr in die Heimat im Juni 1945 ins Reine geschrieben worden. Diese eilfertige Schreibart kommt einem Tagebuch näher als einer Sammlung von Erinnerungen. Während die meisten Deportierten über ihre Erfahrungen beim Verlassen des Lagers oder im darauffolgenden Jahr berichtet haben, wie dies bei David Rousset, bei Primo Levi oder auch bei Robert Antelme und Catherine Roux der Fall war, brauchten manche, wie Jorge Semprún oder Imre Kertész, Jahrzehnte, bevor sie ihre Erfahrungen niederschreiben konnten. Natürlich sind ihre Bücher sowohl in der Form als auch in der gedanklichen Durchdringung stärker ausgearbeitet.

René Baumers Augenzeugenbericht, der mit den unmittelbar festgehaltenen Erinnerungen begonnen wurde, schildert sein Leben als KZ-Häftling gewissenhaft, in einer nüchternen, realitätsnahen Sprache. Man findet hier weder Rachedurst noch die pathetische Klage eines Verzweifelten, wohl aber die Bemühung, das Unvorstellbare mitzuteilen. Vielleicht versicherte sich Baumer so auch selbst, dass das Undenkbare tatsächlich passiert war.

Beim Schreiben dieser Zeilen denke ich an all jene Überlebenden, die es nicht vermocht, nicht gewusst oder vielleicht nicht gewollt haben, dass dieses Grauen aus ihnen herauskommt. Viele sind »an den

Folgewirkungen der Deportation« gestorben. War das nicht, über die körperlichen Nachwirkungen der Verschleppung hinaus, einer Art unheilbarem Krebsleiden geschuldet? Ich habe mich stets darüber gewundert, dass Rémy Roure, ein Angehöriger der schreibenden Zunft, niemals von seinen Erfahrungen in den 1940er Jahren berichtet hat, obwohl er 1928 ein Buch mit dem Titel »*Die Halbtoten*«[4] über seine Kriegsgefangenschaft in Ingolstadt veröffentlicht hatte. Zweifellos hat er sich nicht mehr an diese jüngere Epoche erinnern wollen, die derart von dem Verlust geliebter Menschen überschattet war.

[4] Originaltitel: »Les demi-vivants. Roman d'une captivité«, erschienen 1928 unter dem Pseudonym Pierre Fervacque, Paris (Anm. d. Übers.).

Doch das Besondere von René Baumers Buch ergibt sich daraus, dass seine Geschichte durch seine in der Lagerhaft entstandenen Aquarelle und Zeichnungen veranschaulicht wird, so wie bei einer bebilderten Reportage.

Ich habe vor einigen Jahren eine Ausstellung zum Thema Résistance und Deportation besucht. Dort hatte ein junger Künstler, der das Gefühl des Verlustes darstellen wollte, Figuren von Deportierten hergestellt, die nicht gezeichnet, sondern auf Blättern weißen Papiers geprägt waren. Allein die Einlegearbeit kennzeichnete die Persönlichkeiten. So fügte das Weiß dem symbolischen Begriff des Verlustes eine Empfindung der Stille hinzu, und die Einfarbigkeit verstärkte noch den visuellen Verlust, indem sie den Anschein vermittelte, dass die Personen im Begriff waren, ausradiert zu werden. Mit der von ihm gewählten Methode übertrug dieser junge Künstler in Formen und Farben eine nicht selbst erlebte menschliche Erfahrung, um Bilder von hohem symbolischem und philosophischem Wert zu erschaffen. Es konnte nicht anders sein.

Für René Baumers Werk hingegen besaß diese Symbolik keine Gültigkeit. Denn er hatte die Lager selbst erlebt und sich bemüht, auch wenn es für ihn riskant war, zu widerstehen und sich mithilfe des Schreibens und Zeichnens von der Wirklichkeit des Erlebten zu überzeugen. So ist der verunstaltete, entstellte Mensch das Herzstück von Baumers Zeichnungen. Angesichts des Überlebenskampfs, dem die Deportierten unterworfen waren, stellte sich nicht die Frage, dem noch eine künstlerische Dimension hinzuzufügen. Der Künstler Baumer hat sich unmittelbarer Ausdrucksformen bedient, um das Erlebte zu beschreiben. Das gilt auch für all jene anscheinend nicht sehr zahlreichen Künstler, von denen ich Zeichnungen betrachten konnte, die sie in den Lagern angefertigt hatten.

Von frühester Jugend an hatte René Sport getrieben, insbesondere den Ringkampf, und zahlreiche regionale Wettbewerbe gewonnen. Da er eher klein und stämmig war, wenig aß und überall schlafen konnte, leuchtet es ein, dass diese körperlichen Eigenschaften ihm halfen, die extremen Lebensbedingungen im Lager zu ertragen. Er hat mir oft erzählt, dass sein Vater, ein Koloss von 1,90 Metern, dort keine Überlebenschance hatte.

Ich erwähne diese Besonderheiten, um von der Beziehung des Künstlers René Baumer zum Körper zu berichten, und davon, wie der Deportierte damit umging. Seit 1938 widmete er sich der Bildhauerei. Michel Guinle hat dazu in einer kleinen Studie über sein bildhauerisches Werk sehr treffend bemerkt: »... der Künstler schnitzt das Papier, er denkt als Bildhauer. Bald genügt ihm diese magische Illusion der dritten Dimension nicht mehr. Der Blick genügt ihm nicht mehr und seit 1940 wird er, um mehr ›zu fühlen‹, das Material ›berühren‹, es unmittelbar anfassen müssen. Dieser Zugang zum Material wird sich durch das Modellieren offenbaren. Boxer, Catcher, Tänzer, Barbaren etc. sind die von ihm bevorzugten Gestalten, zufällig, praktisch, konjunkturbedingt. Baumer nutzt die Modelle, die er kennt, mit denen er in seinem Alltagsleben in Berührung kommt, ohne jemals weder ihre Psychologie noch ihr soziales Verhalten abzubilden.« Er wird sogar noch 1943 auf einem großen Leinwandgemälde mit dem Titel »*Der Boxsport*« über seine Leidenschaft, »das Dasein des Boxers«, berichten, das er tief in seinem ganzen Körper eines boxenden Künstlers und in seinem Geist spürte. Eben diese Beziehung zum Körper stellt das Hauptthema seines schöpferischen Werkes der 1940er Jahre dar – abgesehen von einigen Abstechern in die Landschaft von Vaulx-en-Velin.

Einige Monate später sieht sich sein Körper mit dem Lagerleben konfrontiert. Er sollte die Auswirkungen der Vernichtung auf die Stärke des menschlichen Körpers am eigenen Leibe spüren, sein tägliches Schwinden ertragen. Die muskulösen, fleischigen Körper vieler Gefangener verformten sich in spindeldürre, durchscheinende Wesen ... Wie Figuren von Giacometti![5] Die Illustrationen dieses Buches sprechen für sich. Kann es anders sein?

Diese unvorstellbare, außerordentliche Erfahrung beeinflusste sein zukünftiges Werk. Während der folgenden zehn Jahre hat er nicht aufgehört, das Räderwerk eines mechanischen Kubismus abzubilden, indem er die expressionistischen Figuren, die ihm in seinen Albträumen erscheinen, zermalmt, bis sich in den letzten Jahren die Figuren in Erscheinungen verwandeln ... Die Erinnerungen an die Lager blieben lebendig.

[5] Alberto Giacometti (1910-1966), Schweizer Bildhauer und Maler, der für seine extrem schlanken Skulpturen bekannt ist (Anm. d. Übers.).

In einem Artikel, der in der Lyoner Zeitung *Le Progrès* erschien, las ich, dass Bruno Permezel Dokumente für sein Buch über Widerstandskämpfer in Lyon, Villeurbanne und Umgebung[6] suchte.

Da ich etwas zur Geschichte der Familien Baumer und Roure – meiner Familie mütterlicherseits – beisteuern konnte, kontaktierte ich ihn im Juni 2002. Und weil René Baumer sechzig Jahre zuvor ein bis dahin unveröffentlichtes Projekt ausgeführt hatte, fragte ich ihn nach seinem Interesse an einer Publikation, eher beiläufig und ohne wirklich daran zu glauben. Ich hatte das Glück, ein aufmerksames Ohr zu finden und vor allem den Wunsch, sich auf das Abenteuer einzulassen, denn es handelte sich sehr wohl um ein Abenteuer, vor allem für ihn selbst. Dafür sei ihm gedankt!

Wie man sieht, ist ein Buch oder Manuskript, was auch immer sein Inhalt sei, vor allem ein Objekt, das seine eigene Geschichte besitzt. Aber dieses Objekt wird schnell zu einem Thema, das sich mit anderen teilen lässt. Ich habe es mit meiner Lebensgefährtin geteilt, der ich aus »*Vom Exil, vom Hunger, vom Tod*« vorgelesen habe ... Nach einigen Diskussionen hat sie mich ermutigt, Bruno Permezel das Manuskript zu übergeben. Die Weitergabe hat sich mit meinen Töchtern fortgesetzt. Ich habe ihnen von der Möglichkeit einer Publikation erzählt, was ihre Kindheitserinnerungen an René geweckt hat. Es war die Gelegenheit, gemeinsam die Erinnerung an diese dramatische Zeit wachzurufen, die wir selbst nicht erlebt haben.

Für die Veröffentlichung hat der Herausgeber den Titel geändert und Korrekturen im Sprachgebrauch vorgenommen. Danach habe ich das Dokument meiner jungen Schwiegertochter diktiert. Zwei Generationen trennen uns. Jede Seite hat bei ihr Fragen und Anmerkungen hervorgerufen, was oft in Diskussionen mit ihren Freundinnen und Freunden vertieft wurde. Die Weitergabe setzte sich fort.

Ich kann nur sehnlichst wünschen, dass sie hiermit nicht zu Ende geht. Denn mit dieser Veröffentlichung wird der Inhalt in seiner ganzen Bedeutung gewürdigt, indem er zum Träger und zum Grundthema einer überlieferten Erinnerung wird, die es verdient, von Generation zu Generation weitergegeben zu werden.

[6] Erschienen unter dem Titel: Résistants à Lyon, Villeurbanne et aux alentours: 2824 engagements, Lyon 2003 (Anm. d. Übers.).

Vorrede des Autors

An alle meine unglücklichen Kameraden, die in den Massengräbern von Neuengamme, Stöcken und Bergen-Belsen schlafen.

Heute wissen wir es alle: Wäre ihre Entwürdigung eines der unmittelbaren und wichtigsten Ziele gewesen, dann wären die Gefangenen in den Nazihöllen in denselben fatalen Ausgang gelaufen – den Tod. Den brutalen Tod durch Erhängen, Erschießen oder den Knüppel für den Aufständischen und den auf der Flucht Ergriffenen; durch die Gaskammer für den Kranken, den Juden in Auschwitz oder den nicht mehr arbeitsfähigen Alten; durch medizinische oder chirurgische Experimente an dem Versuchskaninchen, das der Zufall dazu bestimmt hatte; den langsamen Tod im Gefolge von Entbehrungen, ständigem Hunger, Misshandlungen aller Art, die jene Jungen und Gesunden trafen, die zu Arbeiten gezwungen wurden, die oft die Grenzen der menschlichen Widerstandskraft überschritten; den Tod durch die wissentlich verbreiteten Epidemien, wie das Fleckfieber, das den Gefangenen in bestimmten Lagern durch Hitlers Ärzte übertragen wurde. Indes, auch wenn jeder Gefangene auf Befehl des niederträchtigen Himmler sterben sollte, so sollte es in vielen Fällen nicht sein, bevor er eine Aufgabe im Auftrag des »*Dritten Reiches*«[7] durchgeführt hatte, für das es damals so einfach war, Arbeitskräfte zu finden. Der Gefangene, der unter den erdrückenden Schindereien zusammenbrach, wurde automatisch durch einen anderen Unglücklichen ersetzt, der demselben Strafvollzug unterworfen wurde und demselben Ende geweiht war. Derjenige, dessen Leben gerettet wurde, hat es der Ankunft der alliierten Truppen zu verdanken, einem glücklichen Zufall, vielleicht auch einer körperlichen Verfassung, die sich jener als überlegen erwies, die ihm von deutschen Wissenschaftlern zugesprochen worden war.

Mit diesem Bericht versuche ich, das Lagerleben von Neuengamme, Stöcken und Bergen-Belsen in Erinnerung zu rufen, ohne theatralisch zu werden. Ich bleibe dabei angesichts der Unmöglichkeit, die Atmosphäre der »*Konzentrazionslager*«[8] neu zu erschaffen, sehr wohl hinter der Realität zurück. Mit Ausnahme der letzten Zeilen und des Kapitels »Tagebuch«, das heimlich auf Papierfetzen auf-

[7] Kursiv gesetzte Zitate und Begriffe hier und im Folgenden im Original deutsch (Anm. d. Übers.).

[8] In der Schreibweise des Autors belassen (Anm. d. Übers.).

gezeichnet und nach Frankreich gebracht wurde, ist dieser Bericht im Krankenhaus Bergen geschrieben worden, wo ich mich kurz nach der Befreiung des Lagers Belsen wegen Flecktyphus in Behandlung befand.

Stöcken, 18.2.1945. Der Autor (René Baumer, Häftlings-Nr. 34958), gezeichnet von Torresi

Bei meinem Bericht handelt es sich nicht um ein literarisches Werk, sondern um einen einfachen Augenzeugenbericht, der noch am Ort der deutschen Verbrechen selbst geschrieben wurde. Ich habe seine Form in ihrer Unvollkommenheit und frei von Sentimentalität belassen, da mir vor allem daran gelegen war, nichts an seinem Wahrheitsgehalt zu verändern.

Einige der im Folgenden abgedruckten Bilder habe ich in den Lagern Stöcken und Belsen angefertigt. Ich werde mich nicht über die Gefahren auslassen, unter denen sie entstanden sind, sondern möchte einfach betonen, dass ihre karge Sorgfalt und Genauigkeit gewollt sind. Sie sind einem Bemühen um Wahrheit geschuldet, bei dem die künstlerische Phantasie zum Teil in den Hintergrund trat. Meine Hand hat sich darauf beschränkt zu überliefern, was mir vor Augen stand.

Die anderen Zeichnungen sind nach dem Krieg entstanden. Sie nähern sich so weit wie möglich dem Gesehenen an, resultieren aber aus einer Kunst der verzweifelten Versuche, um – vielleicht besser als in den noch so genauen Skizzen – die apokalyptische Atmosphäre in den Lagern wiederzugeben.

Ich wurde am 4. April 1944 von der Gestapo im Südosten Frankreichs verhaftet, im Gefängnis Montluc eingesperrt, dann in das Lager von Compiègne überstellt. Im Juni desselben Jahres wurde ich nach Deutschland gebracht. Meine Mutter, mein Vater, meine Tante und mein Onkel[9] wurden ebenfalls des »Widerstands gegen den Feind« angeklagt und nach Deutschland deportiert. Meine Mutter und meine Tante starben im Frauenkonzentrationslager Ravensbrück, mein Vater kam in Neuengamme um. Das ist noch nicht alles: Einer meiner Cousins[10] wurde an einem der letzten Kriegstage in Deutschland getötet, ein anderer[11] in Frankreich am Ende der deutschen Besatzung erschossen.

Fünf Tote von sieben Familienangehörigen. So lautete kurz nach Kriegsende die Bilanz für meine unglückliche Familie.

René Baumer

[9] Adrienne und Louis Baumer, Hélène und Rémy Roure.
[10] André-Maurice Roure.
[11] Rémy Marti.

1. Neuengamme

In der Nacht haben wir mit einem Taschenmesser, das wir in Compiègne vor der Durchsuchung retten konnten, ein hühnereigroßes Loch in die Tür gebohrt. Dank dieses Loches können wir nach draußen schauen. Der Tag bricht an. Graue und dunstige Nebelstreifen zerreißen die düsteren Konturen der Landschaft. Wo sind wir?

Neben mir beteuert jemand, dass wir uns in der Heide befinden. Die Landschaft sieht in der Tat so aus. Wenn ich mir nicht sicher wäre, dass die Gegend um Worms, nach der Überlieferung Schauplatz der germanischen Sagen, weit hinter uns liegt, würde ich mich mühelos im Königreich der Nibelungen wähnen, so sehr scheinen im wolkenbedeckten Heidekraut Elfen und Wormser herumzuspuken. In jedem Fall sind wir weit von Weimar entfernt, dem Bestimmungsort, an den wir alle seit unserem Aufbruch denken. Dieser Eindruck bestätigt sich kurz danach. Als wir auf einen Bahnhof zufahren, kann einer unserer Kameraden auf einem Wegweiser den Namen der Station lesen: Lüneburg.

Er richtet sich auf und sagt: »Wir fahren nach Hamburg.«

Tatsächlich sind wir in der Heide und auf der Strecke, die zu der großen deutschen Hafenstadt führt. Am Vormittag kommen wir durch ihre Vororte. Der Zug fährt nicht durch die ganze Stadt, doch was wir davon sehen können, zeigt uns, dass die Luftangriffe auf die Stadt kein Mythos sind. Überall eingestürzte Häuser. Wo die Fassaden der Gebäude noch stehen, ist das Innere leer und die Fenster erscheinen wie blinde Augen.

Eine Zeit lang bleibt der Zug stehen, dann fährt er rückwärts. Bald finden wir uns auf dem Land wieder.

Seit drei Tagen und zwei Nächten sind wir unterwegs, zusammengepfercht in Viehwaggons mit hermetisch verschlossenen Türen. In diesem kurzen Zeitraum, der uns so lang vorkommt wie ein Jahrhundert, haben wir unter extremer Hitze, Kälte und vor allem Durst gelitten. Wir sind so dicht gedrängt (mehr als einhundert Personen in diesen Waggons, die nur für vierzig vorgesehen sind), dass wir uns weder hinlegen noch schlafen können, höchstens zulasten von Kameraden, auf die wir niedersinken. Wir sind dem Ersticken nahe. Es ist zu eng, um sich hinzusetzen; einige sind gezwungen, sich aufrecht zu halten, manchmal sogar stundenlang auf einem Fuß. Etliche sind durch den Luftmangel oder die verbrauchte Luft und den schlechten Geruch halb erstickt und zusammengebrochen. Schon gibt es Tote, und bei dieser endlosen Marter breiten sich Wahnvorstellungen aus. Wir klagen uns gegenseitig an, zu viel Platz einzunehmen, Gebrüll, unverständliche Schreie, Worte der Bitterkeit kreuzen sich ohne Unterlass, und es hagelt Schläge. Diejenigen, die einen klaren Kopf behalten haben, sind überzeugt, dass wir uns alle gegenseitig umbringen werden, wenn die Reise noch lange dauern sollte.

Als der Zug an dem riesigen Lager Neuengamme hält und die aufgezogenen Türen frische Luft eindringen lassen, haben wir die Gewissheit – ahnungslos, wie wir sind –, mit dieser Höllenreise unsere letzten schweren Stunden überstanden zu haben.

Unter den Knüppelschlägen der SS steigen wir auf den Bahnsteig hinunter. Dieser Empfang lässt uns nichts Gutes erwarten, aber wir können uns kaum vorstellen, dass uns etwas Schlimmeres bevorsteht als die Qualen, die wir gerade ertragen haben.

Alle oder fast alle von uns kennen die deutsche Brutalität, sei es aus Beobachtungen oder eigenem Erleiden. Aber auch als politisch Deportierte hoffen wir auf eine gewisse Rücksichtnahme. Wir denken, dass die Verhörpraktiken in der Zelle und die Folterungen durch die Gestapo-Agenten in Frankreich das Hauptziel verfolgten, uns zum Sprechen zu bringen, trotz unserer hartnäckigsten Entschiedenheit zu schweigen. Gegenwärtig erwarten wir, dass wir für das Land arbeiten müssen, gegen das wir gekämpft haben – eine spezifisch deutsche Strafmaßnahme.

Pessimisten können sich durchaus vorstellen, dass die Teutonen keinen Grund haben, uns schonend zu behandeln. Aber da ein Gefangener ein wehrloses Wesen ist, wäre es niederträchtig und erbärmlich, seine Schwäche auszunutzen, um ihn zu quälen, wozu ein großes Volk sich nicht herablassen würde. Und gibt es nicht auch die berühmten internationalen Gesetze, die speziell für Gefangene geschaffen wurden und die dazu da sind, uns zu schützen!

Doch leider – auf welche Unterstützung, auf welche nicht existierenden internationalen Rechte konnten wir uns berufen, als erbitterte Feinde des Nazi-Regimes, Feinde einer von uns abgelehnten französischen Regierung. Wir, die wir zu unserem Schutz allein mit dem Attribut des Patrioten versehen waren, einem Beiwort, das wir uns zunächst selbst verliehen hatten und an dem wir uns wiedererkannten. Bald sollten wir erfahren, dass sich für uns die Pforten zur Hölle öffneten, nicht zu einem Arbeitslager.

Gleich auf dem Bahnsteig lässt man uns in Fünferreihen aufstellen. »*Zu fünf*«, schreien die Deutschen, die Stimme hasserfüllt. Abgezehrte Menschen, komplett nackt, steigen aus einem Waggon heraus. Was ist passiert? Die Erklärung ist einfach.

In Châlons-sur-Marne ist es einem Dutzend Gefangener gelungen, die Türen ihres Waggons zu öffnen und zu fliehen. Die Deutschen haben es bemerkt, aber ein wenig zu spät. Wütend befahlen sie den anderen Insassen des Waggons, sich auszuziehen. Die Unglücklichen mussten also im Adamskostüm den Rest der Strecke zurücklegen. Diese Flucht war nicht die einzige. In einem anderen Waggon haben die Gefangenen die Bretter des Bodens gelöst und sich zwischen die Schienen gleiten lassen. Diese Art zu fliehen benötigte einen gewissen Mut, da der Aufprall äußerst brutal war und die Räder mit ihrem lauten Getöse gefährlich nah waren. Die Zeugen dieser Flucht erklärten, Schmerzensschreie gehört zu haben, die wahrscheinlich von den Flüchtlingen stammten. Hatten die Deutschen am Ende des letzten Waggons einen gezackten Schienenräumer angebracht? Überdies wurden die Dächer nachts durch Scheinwerfer abgesucht.

Vor der Abfahrt aus Compiègne hatten uns die Deutschen gewarnt, dass jeder, der versuchte zu fliehen, auf der Stelle erschossen würde. Ich glaube, dass sie ihre Drohung wahrgemacht hätten, wenn sich für sie die Gelegenheit geboten hätte, Flüchtige zu ergreifen.

Aber wir sind in Neuengamme. Zahlreiche Soldaten flankieren uns, die Maschinenpistole in der Faust. Man lässt uns der Länge des Lagers nach vorrücken, dann stehen wir zwischen langen Holzbaracken, grün angemalt und durchlöchert von vielen kleinen Fenstern, von denen nicht wenige mit Blumen geschmückt sind. Ach, Germane! Hier ist also dein berühmter Hang zur Sentimentalität! Du liebst die Blumen, und je bestialischer du bist, desto intensiver liebst du die Blumen in ihren zarten Farbtönen. Immer wieder wird die Liebe zum Paradox deine barbarischsten Instinkte deinen lieblichen und zarten Neigungen entgegensetzen. Nachdem du ohne Gewissensbisse getötet hast, bedeckst du die Orte deines Verbrechens mit rührenden Blumen, so, als sollten sie, indem sie das vergossene Blut in sich aufnehmen, wieder in neuer Schönheit erblühen, um deine Schande auszutilgen.

Wir erreichen einen großen gepflasterten Platz, den Appellplatz. Dort gibt man uns ein unglaubliches Gebräu, dessen einziger Wert darin besteht, dass es warm ist. Als alle sich aufgestellt haben, sind wir so viele, dass der Platz gefüllt ist. Am Ende des Konvois sehen wir diejenigen vorüberziehen, die große Mühe hatten, die Härten des Transports zu überstehen. Sie sind in beklagenswertem Zustand. Einigen von ihnen greifen gesündere Kameraden unter die Arme, andere werden auf Tragen transportiert. Auch Tote werden aus den Waggons geholt. Es sind zahlreiche Unglückliche, die während der Fahrt umgekommen sind. In den folgenden Tagen wird die Liste der Verstorbenen auf dem Krankenrevier noch länger.

Wir werden zu einem weiträumigen Neubau geführt und müssen in das Untergeschoss hinabsteigen. Nach langem Warten in dem riesigen Keller beginnt das Scheren und Waschen der Sträflinge. Zunächst nimmt eine Armee von Friseuren ihre Arbeit auf. Unsere Haare werden kurzgeschoren. Dann kommen wir gruppenweise unter die Dusche. Vorher haben sie uns am ganzen Körper rasiert, unserer Kleidung und aller Wertgegenstände beraubt: Geld, Ringe, Schmuck etc. Zum Tausch zieht man uns jämmerliche Anzüge an und gibt uns willkürlich ausgewählte Kopfbedeckungen. Die einen bekommen holländische oder norwegische Mützen, die anderen erhalten sowjetische Kappen, die wohl noch von Plünderungen stammen, die von den Deutschen auf ihrem Vormarsch in Russland durchgeführt wurden.

Auf den Rückseiten unserer Jacken und auf den Taschen unserer Hosen sind große, gelbe Kreuze gemalt. Wir sind dermaßen verändert, dass wir Mühe haben, uns wiederzuerkennen. Am Ende all dieser Vorgänge ist es ungefähr ein Uhr morgens. Wir werden den *Blocks*[12] zugewiesen, wo man ein Stück Brot und Wurst an uns verteilt. Unser erster Tag in Neuengamme ist beendet.

[12] Mehrere Häftlingsbaracken bildeten einen Block.

Ich werde drei Wochen in diesem Lager bleiben. Wir schlafen zu zweit auf einem Strohsack, in dreistöckigen Etagenbetten. Als Nahrung erhalten wir am Morgen ein Stück Schwarzbrot mit Wurst oder Margarine, in geringer Menge natürlich. Zum Mittag bekommen wir eine Gemüsesuppe, oft mit Kohl und ziemlich sämig. In Ermangelung von Löffeln müssen wir sie schlürfen. Am Abend wiederholt sich das Bild vom Morgen: Man verteilt an uns ein Stück Brot mit Wurst oder Margarine oder mit kleinen, rohen und gesalzenen Fischen, Produkten der Nordseefischerei. Manchmal, selten genug, gibt es Marmelade oder Käse als Beigabe. Der Kaffee nach dem Aufstehen ist nur warmes Wasser. Insgesamt ist es gewiss nicht glänzend, aber man darf sich noch nicht zu sehr beklagen. Das Wecken vollzieht sich zu sehr früher Stunde, gegen halb vier oder vier Uhr. Sofort treibt man uns, ohne Rücksicht auf das Wetter oder die Temperatur, mit kehligem Ton *»Alles raus«* nach draußen.

Die *Blockchefs*[13] sind zum großen Teil deutsche politische Gefangene. Diese Lage sollte sie veranlassen, uns gegenüber ein wenig Milde zu zeigen, aber da sie vor allem Deutsche sind, führen sie uns hart nach teutonischer Art, das heißt mit Stockschlägen.[14] Diese Methode ruft am Anfang innere Revolten hervor. Nachdem die erste Überraschung vorbei ist, gewöhnt man sich daran, so wie man sich an alles gewöhnt.

Man lässt uns zwölf Stunden pro Tag besonders harte Erdarbeiten machen, unter der Aufsicht eines *»Vorarbeiters«,* im Allgemeinen ein deutschsprachiger Pole, dessen übertriebener Eifer die Mühsal extrem anstrengend macht. Wir würden die Herrschaft der Soldaten, sei es auch die SS, derjenigen der »*Vorarbeiter*« vorziehen. Es sind wahrhaftige, besessene Bestien, die uns den ganzen Tag lang schlagen. Sie zwingen uns, in einem Zeitraffertempo zu arbeiten, das fast nicht mehr menschlich ist. Unaufhörlich heißt es: *»Schnell«, »Los, Los«*. Wenn ein Gefangener einen Moment lang entkräftet innehält, um zu verschnaufen, geht ein Hagel von Knüppelschlägen auf ihn nieder. Einmal versetzt ein *»Vorarbeiter«* einem alten Mann, der nicht schnell genug gegangen ist, einen schrecklichen Faustschlag in den Nacken, der den Unglücklichen leblos auf die Erde niederstreckt. Ein andermal versetzt jemand einem Häftling von der Seite einen scharfen Schlag mit der Schaufel. Der Schlag erreicht sein Ziel, der Empfänger hat einen Schädelbruch. Glücklicherweise rettet ein Ungeschick des Barbaren den armen Mann vor dem Tod. Der »*Vorarbeiter*« gibt sich also damit zufrieden, seine Schaufel in Richtung der Arbeiter zu werfen und den betroffenen Häftling mit Faustschlägen und Fußtritten zu traktieren. Es vergeht keine Stunde, ohne dass mehrere von uns brutal angegriffen werden, auch ohne Grund. Ich glaube nicht, dass es einen politischen Gefangenen in den Konzentrationslagern gibt, der sich damit brüsten könnte, niemals geschlagen worden zu sein.

Abends sind wir erschöpft. Dennoch müssen wir beim Appell stundenlang stehen. Diese Zeit ist unerträglich. Alte Männer, am Ende ihrer Kraft, brechen zusammen. Oft setzen wir uns über das Verbot hinweg, ihnen zu helfen, und stützen sie. Unsere Füße, die sich noch nicht an die »Holzschuhe« gewöhnt haben, tun furchtbar weh.

Der Hin- und Rückweg zur und von der Arbeit vollzieht sich mit Musik, denn das Lager hat seine »Clique«. Die Musiker, in Reihen

[13] Gemeint ist der Blockälteste = Funktionshäftling der SS, der die Einhaltung der Vorschriften im Block gewährleistete. Außer dem Blockältesten gab es Lager- und Stubenälteste (Anm. d. Übers.).

[14] Im Original »à la schlague« (Anm. d. Übers.).

in der Mitte des Appellplatzes aufgestellt, spielen Märsche mit abgehackten und sehr deutschen Rhythmen. Die Arme an den Körper gepresst, marschieren wir vor den Offizieren vorbei, während die »*Vorarbeiter*« mit ihrem »*links, zwei, drei, vier*« den Takt angeben. Pech für den, der nicht im Gleichschritt marschiert, denn die Stiefeltritte rufen ihn zur Ordnung. An einem späten Nachmittag, zwei Tage nach unserer Ankunft, erklingt die Musik zu ungewohnter Stunde. Alle Häftlinge werden versammelt und dann auf dem Appellplatz zusammengedrängt, wo in der Mitte ein Galgen aufgestellt worden ist. Wir wagen nicht, uns auszumalen, was dieses zusammengefügte Holz und dieser Strick bedeuten. Ein unsägliches Gefühl umklammert uns. Im entlegensten Winkel des Platzes, unter der Uhr, die dazu dient, die Arbeitsstunde zu schlagen, halten sich zwei Männer auf, das Gesicht zur Mauer gewandt.

Es regnet leicht. Am Himmel reißen niedrige Wolken auf, angetrieben von einem heftigen Wind. Die Musik verstummt. Stille breitet sich in den Reihen aus. Einige SS-Offiziere umringen den Galgen. Eingerahmt von Soldaten nähern sich festen Schrittes die beiden Männer, die an der Mauer standen. Der eine, ungefähr 35 Jahre alt, die Hände hinter dem Rücken zusammengebunden, trägt Zivilkleidung. Der andere ist kaum älter als zwanzig Jahre. Sein rechter Arm ist in einer Schlinge und sein blau-weiß gestreifter Aufzug gehört zu den Häftlingen des »*Kommandos*«.[15]

[15] Eines von vielen Arbeitskommandos, die dem KZ-Stammlager unterstanden und jeweils zu verschiedenen Arbeiten eingeteilt wurden.

Ein SS-Mann liest den Urteilsspruch, der in mehrere Sprachen übersetzt wird. Diese beiden Gefangenen, zwei Russen, sind zum Tode verurteilt worden, weil sie aus ihrem Arbeitskommando ausgebrochen sind und weil sie in einem deutschen zerbombten Haus zivile Kleidung gestohlen haben.

Welche Heuchelei in dieser Anklageerhebung! Als ob man während eines Ausbruchs kilometerweit in der Kleidung eines Zuchthäuslers herumlaufen könnte. Nein, die Wirklichkeit ist anders. Hingerichtet werden diese beiden Unglücklichen einzig und allein für ihren Versuch, die Freiheit wiederzuerlangen. Der Rest der Anklage ist nur da, um die Todesstrafe zu rechtfertigen.

Der junge Mann ist als erster an der Reihe. Zwar ist er ein wenig blass, doch zeigt er außerordentlichen Mut. Er rührt sich nicht, als man ihm die Schlinge um den Hals legt. Plötzlich zieht der Scharfrichter, in diesem Fall der Lagerkommandant, den Schemel fort, auf dem die Füße des Verurteilten stehen. Das Seil spannt sich. Es gibt ein trockenes Geräusch, das ich, ob berechtigt oder nicht, einem Wirbelbruch zuschreibe. Der Körper des Unglücklichen fällt ins Leere. Nach einigen Minuten, als man feststellt, dass der Tod sein Werk vollbracht hat, wird er abgenommen. Dann ist der zweite dran, der gefasst dem Hinscheiden seines Kameraden beigewohnt hat. Er bekundet vor unseren Augen denselben stillen Mut. Als sich das Seil von neuem spannt, gibt es dasselbe kurze Knacken. Das geschwollene Gesicht des Mannes färbt sich schnell lila. Ein SS-Mann kommt herbei, um ihm die Hände zu lösen.

Die Musik setzt wieder ein. Man lässt uns an dem Gemarterten vorbeimarschieren, der in einer langen Kreisbewegung schaukelt, dann ist alles vorbei. Aber man hat uns gezeigt, was mit jedem von uns geschehen wird, falls wir auf die Idee kommen, flüchten zu wollen.

Wo bist du, das alte Deutschland Kants und Beethovens, wo sind deine Geistesgrößen, die sich für demokratische Ideen begeisterten, für Freiheit und Gnade? Was hast du mit dem alten Odin gemacht, damit er in deinem Schoß die Himmlers und Goebbels gezeugt hat?

Gerüchte kursieren in den Blocks, wo wir, begünstigt durch unsere berechtigte Hoffnung und Sehnsucht, bald unser Heimatland wiederzusehen, den unwahrscheinlichsten Lügenmärchen Glauben schenken. Wir wissen, dass Briten und Amerikaner am 6. Juni, also vor wenigen Tagen, an den normannischen Küsten gelandet sind. Schon verkünden gut informierte Leute – Gefangene, denen indes jeder Zugang, jede Verbindung nach draußen versperrt ist – aus mysteriösen, aber sicheren – ah! sicheren – Quellen, dass Paris, Lyon und Marseille von alliierten Truppen umzingelt sind. Also glaubt jeder von uns in einem Anfall von verrückter Begeisterung, dass der Krieg in spätestens einem Monat beendet sein wird. Ich persönlich habe immer geglaubt, dass derartige Lügenmärchen absurd sind. Ihre demoralisierende Wirkung wird unvermeidlich sein, sobald sich die Wahrheit als Enttäuschung offenbart. Sind diese so sicheren und außerordentlichen Neuigkeiten nicht tatsächlich durch unsere Feinde verbreitet worden, die sehr gut wissen, woran sich die Psychologie der Häftlinge festhält? Wundern würde man sich darüber nicht.

Häufig gibt es Alarm, vor allem morgens. Sobald die Sirene *»Voll Alarm«* heult, müssen wir alle Arbeiten liegenlassen. Im Laufschritt, angetrieben von den Knüppeln der *»Vorarbeiter«,* kehren wir ins Lager zurück. Dort angekommen, sieht man, wie alles, was der Standort an »Kapos«[16] oder irgendwelchen Chefs zu bieten hat, mit Knüppeln oder Schlagstöcken bewaffnet, über die Arbeiterkolonnen herfällt. Sie lassen uns durcheinander zwischen den Steinpodesten entlang-

[16] Funktionshäftlinge der SS, s.a. Anm. 8, S. 19 (Anm. d. Übers.).

»Der Körper des Unglücklichen fällt ins Leere«

marschieren, von denen herab die SS im Vorbeigehen auf uns einpeitscht. Die Schläge hageln auf uns nieder wie auf eine Herde elender Tiere. Man stößt uns, man drückt uns, man schubst uns in die riesigen Säle des wichtigsten *»Lag«*.[17]

Unser einziger, aber großer Trost – der in unseren Augen eine Form von Rache annimmt – ist es, mindestens an jedem zweiten Morgen der Bombardierung Hamburgs beizuwohnen. Als die Flugabwehrkanone zu donnern beginnt, richten sich unsere Blicke auf die großen Fenster des Schutzraums, der tatsächlich weit davon entfernt ist, Schutz zu bieten. Den Deutschen, die uns in diese riesigen Räume pressen, geht es nicht darum, uns in Sicherheit zu bringen, sondern darum, eine mögliche Flucht im Schutz der Dunkelheit zu erschweren.

Am Himmel glänzen Flugzeuge. Noch hier, mehrere Kilometer von der Innenstadt entfernt, haben die Bombardierungen die Wirkung von Erdstößen. Die Erde und die Fenster beben. Leider sind auch wir manchmal Opfer des Absturzes und der Explosion einiger Bomber.

Eines Tages erfolgt die Einstellung der Arbeiten für die Blocks 9, 10, 11 und 12. Man lässt uns vollständig nackt auf dem Appellplatz aufstellen, dann werden wir sorgfältig nacheinander durch einen Arzt untersucht und nach unserem Gesundheitszustand sowie nach früheren Krankheiten befragt. Er lässt diejenigen, die ihm als die Robustesten erscheinen, zur Seite treten. Obwohl ich von eher durchschnittlicher Größe und Leibesumfang bin, werde ich unter die Kräftigen eingeordnet. Gewöhnlich werden die Männer unter 20 und über 45 Jahren aussortiert. Man braucht gesunde und kräftige Wesen für die Art von Arbeit, die den Ausgewählten bestimmt ist. Am nächsten Tag ziehen alle diese »auserwählten« Männer den weißen Anzug mit den blauen Streifen an. Auf der linken Brustseite kennzeichnet uns das rote Dreieck als »Politische«. Das der Kriminellen ist grün. Im Inneren dieses Dreiecks zeigt der Anfangsbuchstabe des Landes, zu welchem der Häftling gehört, seine Nationalität an. Darüber ist seine Personenkennziffer genäht.

Anschließend folgt die Aufteilung und das Aufrufen der einzelnen Häftlinge. Die Männer werden in drei Gruppen aufgeteilt – soundso viele für dieses *»Kommando«*, soundso viele für ein anderes. Unsere einzige Befürchtung ist, von den engsten Kameraden getrennt zu werden. Ich gehöre zu denen, die für Stöcken bei Hannover ausgewählt wurden, und habe Glück, dass die drei mir bis dahin sympathischsten Kameraden dorthin mitkommen. Alle drei sind Normannen: Eugène Geret (aus Villers-sur-Mer), Marius Tréfouel[18] (aus Trouville)

[17] Lagers

[18] Schreibweise im Original: Marius Trefouël, s. Portrait auf S. 77. Die Schreibweisen der Namen der Häftlinge wurden für dieses Buch überprüft nach: Livre-Mémorial des déportés de France arrêtés par mesure de répression et dans certains cas par mesure de persécution 1940-1945, Paris, Editions Tirésias 2004) (Anm. d. Übers.).

und Auguste Decaëns (aus Deauville). Ein charmanter junger Mann hat sich kürzlich zu uns gesellt, lebhaft und guter Dinge, Paul Gilbertas, den wir seit Compiègne kennen. Dieser junge Bursche steht noch unter dem Schock der Trennung von seinem besten Freund Robert Lagès, der einem Lager in Braunschweig zugewiesen worden ist. Gilbertas und Lagès haben in Frankreich in derselben Region gelebt wie ich, und diese Verwandtschaft der Heimaterde macht in der Fremde enge Freunde aus uns. Lagès, der uns mit Bedauern im Herzen verlassen hat, können wir nur den Wunsch mitgeben, dass er es »in Braunschweig besser haben soll als in Neuengamme«.

Stöcken, 23.1.1945. Paul Gilbertas (Häftlingsnummer 34941), verstorben in Bergen-Belsen am 13.4.1945

Bei der Abfahrt nach Stöcken besteht unser Konvoi zum überwiegenden Teil aus Franzosen. Es gibt einige Griechen, zwei oder drei Spanier, einen Italiener, einen Türken, und insgesamt sind wir ungefähr zweihundertneunzig Männer. Die Reise ist zwar nicht so hart wie die von Compiègne nach Neuengamme, doch weit davon entfernt, angenehm zu sein. Die Soldaten, die uns begleiten, gehören der Wehrmacht oder der Luftwaffe an. Insgesamt sind sie nicht von solch bestialischer Gewalttätigkeit wie die SS, aber auch nicht gerade sanft. Besonders einer von ihnen hat zeitweise auftretende Anfälle, bei denen er uns heftige Schläge mithilfe eines hakenförmigen Prügels austeilt. Diesem bereitet er ein Ende, indem er ihn auf dem Rückgrat eines Häftlings zerbricht. Die Privilegierten sind selten. Für meinen Teil bin ich gut bedient worden, und Eugène hat keinen Anlass, mich zu beneiden.

Es gibt zwei bewaffnete Soldaten pro Waggon – offensichtlich Viehwaggons. Wir sitzen auf dem Boden, eng aneinandergedrängt, in unbequemer Haltung, wobei es uns streng verboten ist, aufzustehen, um zu entspannen. Der Zug bewegt sich mit zermürbender Langsamkeit. Zu Beginn unseres Umherreisens fahren wir wieder nach Hamburg, um das Gleis zu wechseln. Im Vorbeifahren können wir viel deutlicher als beim ersten Mal das Ausmaß der Zerstörung der Stadt erkennen. Die Nacht ist beschwerlich. Wir sind zerschlagen durch unsere hockende Haltung und können

Stöcken, 16.2.1945. Der einzige Italiener (Häftlingsnummer 23704) in Block 4, verstorben auf dem Todesmarsch von Stöcken nach Belsen.

nicht schlafen. Eine Waggontür – welche Gunst! – wird offengelassen. Die draußen flüchtig erkennbare Landschaft lässt die Zeit kürzer erscheinen. Am Ende der Reise werden unsere Wächter etwas nachlässiger. Sie gestatten, dass wir uns abwechselnd ein wenig aufrichten, um uns zu lockern. Am nächsten Tag wird Hannover durchquert. Die Umgebung des Bahnhofs, verwüstet durch die Bombardierungen, bietet denselben Anblick von Trostlosigkeit und Trümmern wie Hamburg – mit ausgehöhlten Gebäuden, Gerippen aus verrostetem und verbogenem Eisen, klaffenden Verletzungen in den Mauern und eingestürzten Dächern. Ein wenig weiter entfernt jedoch ist ein Viertel verschont geblieben, fast intakt.

Am Abend kommen wir in Stöcken an. Die Reise hat mehr als einen Tag und eine Nacht gedauert, ziemlich lange für eine solch kurze Entfernung.

Stöcken, 16.2.1945. Das Gitter des Eingangstors bei Nacht

2. Stöcken

Das Lager Stöcken, im Nordwesten Hannovers[19] gelegen, befindet sich mitten auf dem Land. Im Vordergrund, auf der rechten Seite, wird es durch einen kleinen Hügel geschützt, der sich über einen romantischen Zauberwald erhebt. Dieser kleine Wald ist das Kleinod des Ortes. Es gibt darin sehr vielfältige Arten von Bäumen. Je nach Saison schmücken kleine Früchte ihr sanftgrünes Laub.

Manche Sträucher verfärben sich beim Herannahen des Herbstes rasch, bis sie goldblond werden. Es ist eine Farbe, die vor einem Hintergrund düsterer Tannen glitzert. Einige Weiden schütteln ihr trauerndes Blattwerk, wodurch an sehr stürmischen Tagen ein stoßweises Schluchzen zu hören ist. Ansonsten bietet die Ebene ein Bild flacher Monotonie, soweit das Auge reicht.

Das Lager wird ausschließlich von der SS bewacht. Erst viel später werden Soldaten der *Wehrmacht,* der *Luftwaffe* und der *Kriegsmarine* diese Uniformität durchbrechen und die Mannschaften eher zusammengewürfelt erscheinen. Für den Moment ist die SS der König.

Unter den Gefangenen ist der Franzose unbekannt. Hier gibt es nur Polen und Russen, einige Tschechen und deutsche »Berufsverbrecher«.[20] Die Vorsteher der *Blocks*[21] und die *Kapos* werden bevorzugt unter Letzteren ausgewählt.

Die Ankunft der »*Franzozen*« ist also eine Neuigkeit. Die Russen und die Polen, vor allem die Russen, bereiten uns einen herzlichen Empfang. In der Folge werden wir mit ihnen absolut freundschaftliche Verbindungen aufrechterhalten.

An jenem Tag in der schönen neuen Umgebung umringen uns die Russen und befragen uns nach den letzten Kriegsereignissen. Einige, die offensichtlich privilegiert sind, verteilen sogar Zigaretten an uns. Es ist wahrscheinlich der Lohn der Fabrik, in der sie arbeiten. Zigaretten! Welch' unverhofftes Glück! Oh! »Machorka«, also Zigaretten, deren Tabak von niedriger, sehr niedriger Qualität ist. Aber die Geste verleiht ihnen alle Ehre, denn diese armen Kerle kön-

Stöcken, 5.2.1945. Gregor (Grigorijs Zigunovs, Häftlingsnummer 39273), ehemaliger russischer Offizier

[19] Im Originaltext wird das Lager in dem 1907 eingemeindeten Stadtteil Marienwerder irrtümlich im Süden Hannovers verortet (Anm. d. Übers.).

[20] Berufsverbrecher wurden als Häftlinge mit einem grünen Winkel gekennzeichnet (Anm. d. Übers.).

[21] Ein Block im KZ Stöcken entspricht in diesem Fall einer Baracke, vgl. den Übersichtsplan, S. 20f.

nen nur das geben, was sie haben. Was uns zuerst auffällt, sind ihre Magerkeit und ihr sichtlich geschwächter körperlicher Zustand. Ihre Hände und ihre Gesichter sind ausgezehrt, ihre Kleidung ist zerfetzt und schwärzlich. Die Ältesten sind erst seit einem Jahr dort. Mit unseren neuen Anzügen und unserem vergleichsweise guten Aussehen erscheinen wir neben ihnen wie wohlhabende Bürger.

Später, als die Transporte Letten und Dänen bringen, sind wir es, die für Ruinen gehalten werden. Einige dieser Elenden – das verblüfft uns und ruft sogar etwas Panik in unseren Reihen hervor – taumeln und stolpern beim Gehen wie zermürbte Greise an der Schwelle des Todes. Die Schwelle des Todes, von der wir durchaus etwas ahnen, betreten auch wir. Wir werden bald wissen, dass es ein langsamer Todeskampf ist, eine nicht endende Qual.

Man beordert uns in den Block 4, den ich während der ganzen Zeit meiner Gefangenschaft in Stöcken nie verlassen werde, einen

Stöcken, 13.1.1945. Baum zwischen den Blocks 3 und 4

Stöcken, 8.2.1945. Die AFA-Fabrikzentrale, vom Lager aus gesehen

ganz neu errichteten Block aus Backsteinen, graugrün gestrichen. Anschließend erfolgt die Verteilung von Handtüchern, Löffeln (Dingen, die uns in Neuengamme unbekannt waren), Essgeschirr und Seifen.

Am Abend, bei Sonnenuntergang, haben sich einige Russen auf einer von den Häftlingen gebauten Bank (zwischen den Blocks 3 und 4) niedergelassen, die eine Art Weide einfasst. Einer von ihnen, der auf einer armseligen, wurmstichigen Violine spielt, tut sein Bestes, um uns zu zerstreuen.

Wir haben ein Bett und einen eigenen Strohsack für acht Tage, denn die dumme Angewohnheit unserer Aufseher ist es, uns das »*Bett*« in einer unbegreiflichen Häufigkeit wechseln zu lassen. Das gibt wegen der unvermeidlichen Unordnung, die diese ständigen Umbesetzungen hervorrufen, Anlass zu Szenen scheußlicher Barbarei. Die Stockschläge sind im Block 4 in Stöcken noch mehr an der Tagesordnung als in Neuengamme.

Gleichwohl kommen uns die ersten Tage vor wie ein Traum. Das Lager ist mit Stacheldraht umzäunt, aber man kann die Straße und die Landschaft sehen. Die massiven Silhouetten der Fabriken AFA[22] und »Kontinental«[23] heben sich in der Ferne ab. Oft steuern Spaziergänger und vor allem Verliebte auf die hohen Bäume des Waldes zu. Es sind Zivilarbeiter, Ausländer zumeist, sämtlich Beschäftigte dieser Fabriken. Im Vorübergehen halten sie inne, um uns zu betrachten. Die Sträflinge ziehen die Neugier auf sich! Der Anblick dieser freien Männer mit ihren sorgfältig gekämmten Haaren, dieser Frauen in hellen Kleidern, von denen einige, sicherlich Deutsche, weiße Korsagen mit Knebelverschlüssen tragen, ruft in uns keine neidvollen Gefühle wach. Aber wir haben den Eindruck, wieder ausgegraben worden zu sein, wir, die wir seit vielen Tagen in unseren Zellen und weltabgewandten Lagern verschimmeln. Trotz unserer Zebraaufmachung fühlen wir uns wiederbelebt. Wir sehen uns immer noch als menschliche Wesen, die danach streben, das wiederzufinden, woran sich die Männer und Frauen erfreuen, die dort spazieren.

[22] Zweigwerk der Accumulatoren-Fabrik AG (AFA) in Hagen (Anm. d. Übers.)

[23] Schreibweise im Originaltext, gemeint ist das Werk Stöcken der Continental AG (Anm. d. Übers.).

Der Zauber währt nur kurz. Unser Blockchef, im Grunde ein anständiger Kerl, wird nach wenigen Tagen durch einen anderen deutschen »Berufsverbrecher« ersetzt, der auf den Vornamen Albert hört. Dieser Halunke der besten Sorte, eine Bestie ohnegleichen, nährt einen unbeugsamen Hass auf die Franzosen. Der *»Stubendienst«*, ein Franzose, wird bald kaltgestellt. An seinen Platz setzt man noch einen deutschen »Strafgefangenen«, der sich durch seinen offiziellen Namen *»Frisor«* geehrt fühlt. Nur selten hat er die Güte, die Haarschneidemaschine zu benutzen. Diese Arbeit wird nur von unserem Freund »Jeannot«, einem lebhaften und lustigen Burschen aus Toulon, regelmäßig ausgeführt. Der Deutsche Gustav, ein gerissener Schuft ohne irgendeine menschliche Regung, verkörpert alle Fehler, mit denen die menschliche Gattung geschlagen sein kann. Durch und durch bösartig, niederträchtig, hinterhältig, giftig, ist er geradezu die widerlichste Persönlichkeit des Lagers. Indem er seinen Meister perfekt nachahmt, nimmt dieser schändliche Charakter dank seiner schäbigen Handlungsweise im Block eine Bedeutung ein, die seinen Rang weit übersteigt. Die Blockchefs wechseln, Gustav bleibt unentwegt, zum großen Unglück von Block 4. In diesem Gebäude gibt er immer wieder Anlass zu Strafmaßnahmen und ist für den Großteil unserer täglichen Scherereien verantwortlich.

Im Kontakt mit ihm wird der weniger schlechte Blockchef zu einem der Schlimmsten und der Schlimmste zum Höllenwesen. Was die Kapos betrifft, eine vulgäre Unterwelt, sind sie kaum besser, mit Ausnahme eines deutschen »politischen Gefangenen« namens Wolf, der sich bei verschiedenen Gelegenheiten als toleranter erweist als die anderen. Er bleibt indes nicht lange hier.

Im Lager Stöcken haben wir wenig mit Soldaten zu tun. Diese lassen es zu, dass die »Berufsverbrecher« uns willkürlich behandeln und eine ebenso barbarische wie grausame Herrschaft über uns ausüben. Täglich werden wir geschlagen, gedemütigt, wie Untermenschen behandelt. Ein Patriot oder ein ehrlicher französischer Bürger gilt auf deutschem Territorium nicht so viel wie ein deutscher Ganove. Niemals wird man Deutschland vergeben, dass es politische Gefangene absichtlich zur Erniedrigung und Demütigung der Fuchtel gemeiner Banditen unterstellt hat, deren Gewissen mehr oder weniger durch Diebstahl und sogar Verbrechen verdorben ist. Diese Nation, die ihre poetische Zeit gehabt hat, deren große Künstler weltweit Bewunderung erregt haben, vermag heute nurmehr, sich mit ihren Kriegern Schimpf und Schande zuzuziehen.

Stöcken, 6.1.1945. Jean Daroux (Häftlingsnummer 33677), verstorben in Belsen, ca. 25.4.1945

Das Leben im Block 4 von Stöcken ist während unserer gesamten Gefangenschaft unerträglich. Wir sehen später noch andere Transporte eintreffen, aus Duisburg, Braunschweig oder anderen Orten.

Die Deportierten beklagen sich natürlich über die schlechte Behandlung, die sie in den vorigen Lagern ertragen mussten, aber wenn sie das Regime von Stöcken kennengelernt haben, erkennen alle, ohne zu zögern, dass jene Lager vergleichsweise paradiesisch waren. Wir denken an Neuengamme, vor allem an Compiègne, nur mit Bedauern zurück. Das unheilvolle Belsen, das wir noch kennenlernen werden – und das für viele von uns mörderisch sein wird –, wird vielleicht nicht einmal in seinem ganzen Schrecken quälender, unerträglicher, tragischer sein. In Stöcken stirbt man mit jedem Tag ein wenig, bevor man vollständig stirbt – an Hunger, an Schlägen, an Kälte, an Hitze.

Stöcken, das kleine finstere *Kommando,* unberührt vom lauten Nimbus des Schreckens, der andere Lager umwehen wird, wurde zum Schauplatz eines langen Martyriums.

Bald werden Mannschaften zusammengestellt, schließlich sind wir nicht zur Erholung hier. Man verteilt uns unter die Polen und Russen. Ein Teil von ihnen ersetzt eine bestimmte Anzahl Franzosen, die in andere Blocks abgezogen wurden. Wir werden daher von vielen unserer Kameraden getrennt. Doch mit mir zusammen im Block bleiben Eugène, Marius, Auguste, Paul und Lou Perret. Zu den guten Freunden, auf die man zählen kann, gehören für mich auch die Normannen Rossignol, Séchet, Jean Daroux ebenso wie der Lehrer André Colin und Philippe de Lépiney.[24] Die sympathischen Bretonen Camus und Jean-Marie Lobach mit ihrem unerschütterlichen Optimismus sind auch dort. Zwar gibt es auch ein paar fragwürdige Elemente unter den Franzosen von Block 4, doch wir beachten sie kaum, sondern bemühen uns, sie zu ignorieren. Als Franzosen suchen wir untereinander nach dem größtmöglichen Zusammenhalt.

Die Arbeit, die wir in der AFA-Fabrik erledigen sollen, ist die des »Bleis«. Die Dauer beträgt anfänglich acht Stunden. Es ist eine harte Arbeit, ermüdend und deprimierend, vor den Öfen, wo die Hitze 60 bis 70 Grad erreicht. Die Arbeitsanforderungen sind zu hoch für Männer, die unzureichend ernährt sind, denen es an der Erholung mangelt, die eine solche Schwerarbeit erfordert, und für die handwerkliche Arbeit größtenteils ungewohnt ist.

Eugène, Marius und ich, dazu Jacky der Türke, Philippe de Lépiney, der Bretone Albert, der kleine Marcel aus Nîmes und andere werden für den »*klein Kessel*«[25] eingeteilt. Auguste, Rossignol, Jean Daroux, Paul Gilbertas und Jacques der Philosoph (ein junger Hochschulabsolvent, der die seltenen Ruhepausen mit Diskussionen über die metaphysischen Wissenschaften füllt) werden für die M.A.L.[26] eingeteilt. Séchet und »Gros yeux«,[27] (ein Franzose, dessen Namen ich mir nie merken konnte) übernehmen ihre Aufgabe bei den »Barren«.[28]

Am *klein Kessel* sind wir zwei Mann pro Ofen mit vier Formen, wobei sich ein Mann um jeweils zwei von diesen kümmern muss. Die Maschine funktioniert automatisch, sobald sie eingeschaltet wird. Eugène wird mein unzertrennlicher Mitspieler. Wir kommen einander jedes Mal zur Hilfe, wenn es nötig ist. Mit nacktem Oberkörper, weil die Hitze fast unerträglich ist, fangen wir mitten im Juli in dieser Fabrik an zu arbeiten. Im Folgenden soll kurz beschrieben werden, worin die Tätigkeit am *klein Kessel* besteht, zweifellos die härteste von allen, die stumpfsinnigste, die gefährlichste.

Bei unserer Ankunft ist als erstes die Reinigung der Gussformen mit einer Metallbürste und einem Spachtel vorzunehmen. Dieser Vorgang muss schnell vor sich gehen, wenn wir die Schläge des ers-

[24] René Baumer schreibt Philippe d'Epinay, gemeint ist Philippe Granjon de Lépiney, siehe Portrait auf S. 113.

[25] Kleinere Öfen, ungefähr 2,50 m hoch.

[26] Große Öfen mit sehr langsamem Arbeitstempo. (Spezialmaschinen, die Batterieteile für Marine-Artillerie-Leichter [MAL] fertigen, vgl. Hans Hermann Schröder: Das erste Konzentrationslager in Hannover. Das Lager bei der Akkumulatorenfabrik in Stöcken, in: Rainer Fröbe, Claus Füllberg-Stollberg, Christoph Gutmann u.a.: Konzentrationslager in Hannover. Band 1, Hildesheim 1985, S. 73 u.ö.)

[27] »Große Augen«.

[28] Der Herstellung von Metallbarren aus Blei von jeweils etwa 50 kg.

Stöcken, 17.1.1945.
»Klein Kessel«

ten Kapos vermeiden wollen. Über die Formen gebeugt, müssen wir sie abschaben und heftig abschrubben. Eine schreckliche Tätigkeit in der aus den Öfen ausströmenden Hitze. Innerhalb weniger Sekunden schießt der Schweiß aus allen Poren unserer Haut, überschwemmt uns und entkräftet uns restlos. Danach müssen wir mit dem Brandeisen die Rohrleitung putzen, wo das geschmolzene Blei entlangfließen soll. Dann ist die Arbeit eine Kunst, insbesondere das Zusammenleimen der Formen mit dem Verdampfer. Läuft die Maschine, rinnt das Blei in die Gussformen. Die beiden Formen öffnen und schließen sich in einem hohen Tempo. Schnell zieht man aus den Formen die Bleigitter, die durch die Gussformen entstanden sind, um die Formen zu pudern, bevor sie sich wieder schließen. Die Form bleibt ungefähr zwanzig Sekunden lang offen. Inzwischen muss derselbe Mann mithilfe eines Schneidewerkzeuges die Gitterplatten gerade schneiden. Man muss daher von einer Form zur anderen springen, in einem ununterbrochenen, wirklich aufreibenden Tanz. Es ist uns verboten, die Maschine anzuhalten, außer wenn ein Unfall oder eine Panne auftritt. Im Durchschnitt sollen wir hundert Platten pro Stunde herstellen. Es ist schwer, diese Menge zu erreichen, denn die launische Maschine zwingt uns zu manipulieren, mit anderen Worten, schlechte Platten in den Haufen der guten zu legen – natürlich ohne das Wissen der Kapos und der »*Meister*«. Wenn die Täuschung entdeckt wird oder wenn nicht genug Platten produziert werden, na warte, dann spüren wir die Fäuste und den Knüppel des Kapos. Häufig wird zur Vollstreckung dieser Strafe ein Häftling in eine abgelegene Ecke der Fabrik mitgenommen, um die vorschriftsmäßigen fünfundzwanzig Schläge versetzt zu bekommen. Was wir im Falle einer Maschinenpanne vor allem fürchten, ist das Freimachen der Pumpen. Läuft das Blei nicht mehr, ist man gezwungen, auf die Maschine zu klettern, um dann mit einer Eisenstange das an der Oberfläche erstarrte Blei aufzubrechen. Diese Operation lässt sich nur mit dicken Handschuhen und einer Weste für den Oberkörper ausführen, da Verbrennungen zu befürchten sind. Zu vermeiden ist außerdem die Verschmutzung der Form, um sie nicht von neuem reinigen zu müssen, was leider allzu oft unumgänglich ist. Bei dieser gewaltigen Schinderei läuft fortwährend der Schweiß über unsere vom Staub geschwärzten Körper und der Durst quält uns.

[29] Service du travail obligatoire, Pflichtarbeitsdienst (Anm. d. Übers.).

Durch Gewöhnung besiegen wir ihn. Alle zwei Stunden führt uns der Kapo zu den WCs. Da jeweils nur ein Mann pro Maschine das Recht hat, sich zu entfernen, können wir nur alle vier Stunden unseren Durst löschen. Da es uns besonders am Anfang verboten ist zu trinken, können wir unseren Durst nur hinter dem Rücken des Kapos stillen und trotz des Schilds, auf dem geschrieben steht: »*kein Trinkwasser*«. Was uns bei unserem Noviziat in diesem neuen Metier am meisten beeindruckt, sind die Geschwindigkeit und die Gewalt, mit denen sich die Formen wieder verschließen. Wir müssen sehr aufpassen, nicht mit der Hand dazwischen zu kommen, wenn wir mit der Gussform beschäftigt sind. Eine Hand, die in die glühende Form gerät, bekommt kochendes Blei ab. Trotzdem, als wir uns an die Maschine gewöhnt haben, erlahmt unsere Aufmerksamkeit und immer mehr Unfälle geschehen, meist in der Nacht, gegen drei Uhr morgens, in dem Moment, in dem die Müdigkeit und der Schlaf uns übermächtigen. Mehrere meiner Kameraden sind daher verstümmelt. Jeden Samstag schreiten wir zur Grundreinigung der Öfen, eine weitere beschwerliche Arbeit. Wir helfen uns gegenseitig, um die Mühsal etwas zu erleichtern. Am Ende des Tages, wenn wir ins Lager zurückkehren, zittern uns die Knie.

Schon nach einigen Arbeitstagen verändert sich unser Äußeres befremdlich. Unsere Wangen werden hohl, unsere Schultern werden spitz unter unserer Jacke und zeichnen sich deutlich unter der Haut ab.

In der Fabrik gelingt es einigen von uns, mit französischen STO-Angehörigen[29] in Kontakt zu treten. Sie erfahren dabei Nachrichten vom Krieg und beschaffen sich sogar einige Zeitungen. Die Wahrheit ist darin leider häufig verfälscht, aber wer zwischen den Zeilen lesen kann, erhält einen Einblick in die Wirklichkeit. Die Zivilen sind in der Mehrheit Polen und Russen. Von ihnen können wir nichts erwarten, von den Franzosen kaum etwas, mit wenigen Ausnahmen: Einige zögern nicht, ihr Möglichstes zu tun, um das Schicksal der »Politischen« zu mildern, die mit ihnen zusammenarbeiten, und versorgen sie insgeheim auch mit Lebensmitteln. Auf der Ehrentafel dieser großherzigen Arbeiter werde ich zuvorderst nennen: die Herren Plessis (aus Vincennes), Cachet (aus Niort) und Bournay.

Die Ernährung ähnelt zu Beginn unseres Aufenthaltes von der Menge her merklich der von Neuengamme. Bald ändert sie sich. Die Suppe wird dünner, die Brotration kleiner. Wir haben für den ganzen Tag nur ein Sechstel von einem Laib Kommissbrot, das morgendliche Brot ist abgeschafft. Die Art der Suppe ändert sich kaum: Sie besteht aus Kohl und Steckrüben. Zweimal in neun Monaten haben wir kleine Erbsen und Teigwaren bekommen. Am Sonntag bekommen wir weniger als die Hälfte der Suppenration, aber als Ausgleich gibt man uns einige Kartoffeln, in Wasser gekocht, und

Stöcken, 2.1.1945. Jacques Castorianio, genannt Jacky der Türke (Häftlingsnummer 34255), verstorben in Bergen-Belsen im Mai 1945

Stöcken, 24.1.1945. Pierre Rossignol (Häftlingsnummer 33353), verstorben in Bergen-Belsen um den 25.4.1945

[30] Gulasch, hier in einer Form, die eher einer Fleischbrühe ähnelt.

eine Suppenkelle mit *»Galasch«.*[30] Zum Abendbrot gibt es entweder einen Hauch Margarine oder ein Stück Wurst, das mehr als einmal verdorben ist.

Diese Ernährung, wenig nahrhaft für Männer, die sich täglich mit harten Arbeiten abmühen, bewirkt noch dazu schlimme Darmbeschwerden. Durchfall ist eine verbreitete Erkrankung im Lager. Außerdem treten, befördert durch die Entbehrungen und die dauernde Kälte im Winter, mit dem Überschuss an Flüssigkeitsaufnahme durch diese wässrigen Suppen Ödeme auf, die wiederum durch die Mangelernährung erhalten bleiben oder noch verschlimmert werden. Die *»Sulag«,* eine Zulage, bestehend aus zwei dünnen Scheiben Brot, die die Fabrik uns nach zwei Monaten zubilligt, verbessert die Situation kaum. Gleichwohl nehmen wir sie mit großer Freude auf. Nach und nach fühlen wir unsere Kräfte schwinden, langsam zunächst, dann aber mit einer erschreckenden Geschwindigkeit.

Stöcken, 9.3.1945.
Die Suppe

Vierzehn Tage lang, nicht länger, gewährt uns die Fabrik wie den Zivilarbeitern eine Flasche Milch, um die Schädlichkeit des Bleis zu bekämpfen, dann kündigt man uns an, dass die Milch fortan im Block verteilt wird. Damit ist es vorbei, man wird nicht einmal mehr die Farbe sehen. Eine merkwürdige, aber elegante Art, etwas durch ein Versprechen abzuschaffen.

Es ist verboten, sich im *»Revier«*[31] vorzustellen, bevor man zur Fabrik geht. Wir haben erst nach der Arbeit das Recht auf einen Arztbesuch. Der Lagerarzt ist ein »politischer« Tscheche. Ein guter Kerl, insgesamt ist er voller Nachsicht. Leider ist er nicht der Einzige, der dort zu bestimmen hat, und die Krankenstation ist zu klein, um eine große Anzahl Kranker unterzubringen. Man kann dort nur aufgenommen werden, wenn man eine Temperatur von über 39,5 Grad hat, es sei denn, man liegt im Sterben.

[31] Krankenrevier, im Original deutsch (Anm. d. Übers.).

[32] Gummiknüppel.

Im Block werden wir dazu verpflichtet, unsere Häftlingsnummer auf Deutsch auswendig zu lernen. Auch wenn das nicht sonderlich kompliziert ist, so stellt es für einige ein unüberwindliches Hindernis dar. Wenn eine Nummer aufgerufen wird, muss derjenige, dem diese Nummer gehört, sofort mit »*Ja*« oder »*Hier*« antworten. Wenn er mit seiner Antwort einige Sekunden zögert – und ich übertreibe hier nicht im Geringsten –, dann wird er mit Nachdruck verprügelt, denn die Deutschen zeigen keinerlei Geduld. Den Unglücklichen, die nicht sofort antworten, wird die Korrektur mit Faustschlägen, Fußtritten und dem *»gumi«*[32] eingebläut. Stürzt der Mann zu Boden, hindert das die Folterknechte nicht daran, weiter über ihn herzufallen, ihn mit ihren Stiefeln und Knüppeln halb totzuschlagen. Eines Tages trifft dieses häufige Vorgehen einen Grundschullehrer (namens *Besse*). Zu drei Vierteln niedergeschlagen wird er in den *»Waschraum«* geschleift, reichlich mit einem Wasserstrahl bespritzt und dann trotz der Kälte nach draußen geworfen. Der Unglückliche wird noch ins *Revier* aufgenommen und stirbt bald danach. Solche grauenhaften Szenen ereignen sich täglich. Die Blockchefs und Kapos nutzen jede Gelegenheit für Schläge. Diese Gesetzlosen, diese seelisch Gestörten befriedigen auf diese Weise ihre sadistische Leidenschaft für das Blutvergießen. Die Schmerzensschreie und das Stöhnen rufen bei diesen ruchlosen Schurken nur Gelächter und eine Befriedigung hervor, die ihnen allein die Mutigsten durch ihre stoische Ruhe unter den Stockschlägen verweigern.

In der Nacht vom 14. auf den 15. Juli 1944 haben wir unsere Feuertaufe, das heißt unseren ersten Bombenangriff. Ein entsetzliches

Dröhnen reißt uns aus dem Schlaf. Die Erde zittert, die Fensterscheiben zersplittern. Ich bekomme den Glashagel ins Gesicht. Mein Kamerad aus Lyon, Lou Perret, wird durch den Splitter einer zerbrochenen Fensterscheibe am Handgelenk verletzt. Die Flugabwehrkanone donnert und mischt sich unter den betäubenden Lärm der Bomben, die pfeifend in unserer Nähe niedergehen. Eine von ihnen gräbt einen beeindruckenden Trichter zwischen die Blocks und die Zentrale der Fabrik, eine andere pulverisiert ein kleines Fabrikgebäude und fordert mehrere Opfer. Eingerollt in unsere Decken verkriechen wir uns unter den Betten. Am Morgen erfahren wir, dass ein Geschoss in eine Baracke polnischer Zivilarbeiter eingeschlagen ist. Man spricht von elf bis achtzehn Toten. Der Block 2 unseres Lagers, aus Brettern erbaut, ist weggeblasen worden. Zur Seite geneigt, erinnert er an ein gestrandetes Schiff.

Stöcken, 12.3.1945. Blockreihen

Ich treffe Paul Gilbertas, der aus dem Waschraum heraustritt. »Heute Nacht«, sagt er zu mir, »habe ich wirklich geglaubt, dass ich unsere Kastanienallee nicht mehr wiedersehen werde«. (Er macht eine Anspielung auf die Hauptstraße des kleinen Dorfes, in dem wir beide wohnen.)

»Paul, was denkst du nur? Wir werden sie wiedersehen, die Kastanienallee, und zwar bald, hoffe ich.«

Der junge Mann denkt einen Moment nach, dann lächelt er plötzlich.

»Im Grunde ist das auch meine Meinung«, entgegnet er und entfernt sich, indem er etwas vor sich hinsingt.

Oft gibt es Durchsuchungen. Es ist ausdrücklich verboten, ein Messer, Taschentuch, Papier, Bleistift etc. dabei zu haben. Wir dürfen nichts haben, absolut nichts. Diejenigen, die bei einem Schnupfen oder einer anderen Erkrankung ihr Handtuch um den Hals wickeln, werden unerbittlich windelweich geschlagen. Dasselbe widerfährt denjenigen, die im Winter Papier unter ihre Jacke stopfen, um sich vor der Kälte zu schützen. Die Schränke des Speisesaals bleiben nicht von Kontrollen verschont. Eines Tages ist es der *Feldwebel,* der diesen Besuch abstattet. In einem Schrank findet er zwei Scheiben Brot. Er fragt, wem das Brot gehört. Ein Häftling nähert sich, es gehört ihm. Krank, wie er ist, hat er keinen Appetit, bewahrt also seine Ration auf und freut sich auf sie, wenn es ihm besser geht. Der Unteroffizier versteht das nicht. Man muss sein Brot essen, sobald es ausgegeben wird, sonst ...

»Hier«, sagt er, »gibt es die Toten und die Lebenden«.

Es gibt keinen Platz für die Kranken ...

Wir haben die Arbeit in der Fabrik mit einem System von drei Schichten je acht Stunden begonnen. Die erste dieser Schichten *(Frühschicht)*[33] schuftete von 6 bis 14 Uhr, die zweite *(Spätschicht)* von 14 bis 22 Uhr, die dritte *(Nachtschicht)* von 22 bis 6 Uhr des Folgetages. Jetzt besteht das System aus zwölf Stunden. Es gibt nur noch zwei Schichten und wir sind jeweils eine Woche lang am Tag, eine Woche lang in der Nacht dran – tagsüber von 6 bis 18 Uhr, in der Nacht von 18 bis 6 Uhr des folgenden Tages. Die zwölfstündigen Schichten fordern sogleich Opfer unter den Schwächsten. Unter den Franzosen haben wir bald den Tod eines Jungen aus Vire zu beklagen, 23 Jahre alt, sowie den von »Gros yeux«. Mein Kamerad Marius Tréfouel, der wegen einer verletzten Hand im *Revier* behandelt wird, steht diesen beiden Unglücklichen bis zum Schluss bei, indem

[33] Begriffe Frühschicht, Spätschicht, Nachtschicht im Original deutsch (Anm. d. Übers.).

er vergeblich gegen den Tod kämpft. Er kehrt demoralisiert zu uns zurück und erklärt uns voller Ergriffenheit, wie der junge Mann aus Vire seine letzte Nacht im Bett verbrachte, auf den Knien betend. Das ist nur der Anfang, denn die Zahl der Kranken wächst ständig. Unser Freund Auguste Decaëns macht auch eine kurze Hospitation in der Krankenstation. Er kehrt von dort zurück, unvollständig geheilt, weil er seinen Platz Kranken überlassen muss, die sich in unmittelbarer Gefahr befinden. In der Fabrik häufen sich, als Zeichen der Ermüdung, die Unfälle an den Händen bei der Arbeit am *klein Kessel,* und auch Bleikoliken treten auf, vor allem bei den Häftlingen, die in der *»Pastiererei«*[34] arbeiten. Diese Häftlinge aus der *»Pastiererei«* überfüllen das Krankenrevier und ihre Sterblichkeit erhöht sich stark. Sie wird im Übrigen jetzt stets erhöht sein.

[34] Ort, wo die Bleipaste bearbeitet wird.

Ständig gibt es Fliegeralarm und Bombenangriffe. Nachts, wenn wir in der Fabrik arbeiten, treibt man uns, sobald die Sirene heult, in enge Splitterschutzgräben ohne Beleuchtung hinunter, die zwischen die Fabrikgebäude gegraben wurden. Dort sind wir durcheinander eingepfercht. Die Knüppel der Kapos sind immer im Einsatz. Oft erheben sich auch unter uns – bedauerlicherweise – Streitereien. Die Schläge regnen in der Finsternis auf uns herab und manchmal kommt es zu regelrechten Prügeleien.

Mehrfach sind schwere Unfälle zu beklagen. So ist in einem dieser engen Splitterschutzgräben, wo wir häufig stundenlang bleiben müssen, während die Bomben fallen und das Krachen der großen

Stöcken, Dezember 1944

Flak-Geschütze zu hören ist, unser Kamerad André Bouchard von einem Russen, mit dem er sich gestritten hat, am Kopf verletzt worden. Er blutet, ist halb bewusstlos, und wir müssen ihn bis zum Ende des Alarms stützen. Ein andermal wird ein Franzose durch die Fußtritte eines Polen getötet, ohne dass wir eingreifen können, da wir im Halbdunkel nicht rechtzeitig bemerken, was geschieht. Diese Kämpfe zwischen uns, die wir schon genug durch das Elend geschlagen sind, wiederholen sich leider allzu häufig. Hier noch eins von zahllosen Beispielen: Als Eugène weggestoßen und in eine Ecke gedrängt worden ist, sodass er das Bewusstsein verliert, müssen wir uns zu ihm durchschlagen, um ihn unter den Füßen herauszuziehen, die ihn fast zerdrücken und zerquetschen. Wir sind an diesem Punkt derartig verbittert, dass wir Mühe haben, es miteinander auszuhalten.

Im Lager selbst haben wir zunächst keinen Schutzraum. Eines Tages macht sich die Spezialmannschaft der »*Lagerarbeir*«[35] ans Werk, um auf Anordnung des militärischen Kommandanten »*Bunkers*«[36] zwischen den Blocks zu graben. Diese Maßnahme wird nicht unternommen, um unser Leben zu schützen, sondern um so lange wie möglich unsere Arbeitskräfte zu erhalten.

[35] Lagerarbeiter.
[36] Splitterschutzgräben.

Die Momente der Ruhe sind selten in diesen Höllen des *Reichs*. Ich habe bereits erwähnt, dass wir nach getaner Arbeit ins Lager zurückkehrten. Hätten wir uns dann gleich ausruhen können, wäre es uns möglich gewesen, ein wenig von unseren Kräften wiederzuerlangen, die durch die Mangelernährung erschöpft waren. Doch eine Pause gab es nicht. Wir mussten stundenlang im Hof stillstehen, sei es für Appelle oder für etwas anderes, bevor man uns wieder den Händen von Albert ausgeliefert hat, unserem Blockchef, der uns nicht mit seiner gewohnten Brutalität verschonte, noch dazu sekundiert von seinem niederträchtigen Komparsen Gustav und seinen barbarischen Kapos.

Die Müdigkeit war auf unseren ausgezehrten Gesichtern zu lesen, unsere schweren Beine hatten Mühe, sich vom Boden zu lösen. Wen kümmerte es – wir mussten im Gleichschritt marschieren, manchmal im Laufschritt, oder sie befahlen uns, auf dem Bauch in der Stellung »vorwärts aufgestützt« zu kriechen. Albert freute sich, er lachte aus vollem Halse und machte sich über uns lustig. Er verkündete uns sogar Neuigkeiten: »Paris steht in Flammen, Frankreich brennt an allen Ecken«, und fügte hinzu, dass im Fall eines russischen Sieges alle französischen Gefangenen nach Sibirien geschickt würden. Was die Ankunft der Engländer und Amerikaner betreffe, so täten wir besser, nicht daran zu denken, denn bis dahin würden wir alle in das

»*Krematorium*« marschiert sein. Unvermittelt, ohne Grund, regte er sich auf, wurde rot vor Wut, stürzte sich in unsere Reihen. Seine erhobenen Fäuste prasselten auf uns nieder, er stieß mit fürchterlichen Fußtritten nach uns, wobei er entsetzlich fluchte. Ermüdet vom Schlagen, entfernte er sich, wobei er uns als *»Schwein Franzosen«*[37] beschimpfte. Die Kapos schrien wieder im Takt: *»Links, zwei, drei, vier«*. In unserer Machtlosigkeit konnten wir nur innerlich auf Rache sinnen, die wir am Tag der Befreiung ausführen würden. Leider!

Diese Übungen ermüden in ihrer Monotonie und Eintönigkeit auf Dauer sogar die Kapos, sodass sie damit aufhören. Zu ihrer Belustigung zwingen sie uns nun, beim Marschieren zu singen.

Sie sind ein wenig überrascht, als sie uns den Befehl dazu erteilen, dass wir kaum dazu aufgelegt sind. Indes stimmen wir, ohne zu zögern, *La Madelon* an. Die beiden Kapos, die uns kommandieren, kennen das Lied nicht, aber ein etwas älterer erinnert sich noch an die stolzen Volkslieder des letzten Krieges. Er stürzt schreiend aus dem Block heraus und bringt uns mit aufgeregter Miene zum Schweigen, wobei er sich ängstlich nach den Soldatenbaracken umsieht.

Ein anderes Mal stimmen wir, auf eine erneute »Einladung« zum Singen hin, inbrünstig in *Auprès de ma blonde*[38] ein*; La Madelon* war ja verboten. Hans (von dem ich später noch sprechen werde) befindet sich an jenem Tag auf dem Hof. Er ruft mich zu sich und fragt, was das für ein Gesang ist. Er kann Französisch, versteht aber den Text nicht, der schnell gesungen wird. Verdutzt über seine Frage, antworte ich trotzdem sofort: »Das ist ein Revolutionslied.« Also rennt er zu den Kapos, die sofort den Gesang unterbinden sollen, damit er keinen Ärger macht, falls die Soldaten ihn hören. In Zukunft werden die Deutschen zögern, uns beim Marschieren zum Singen zu zwingen. Ich bin mit meiner Antwort ziemlich zufrieden.

Am 19. August 1944 kehren wir zur Mittagszeit von der Arbeit zurück, um in zwanzig Minuten unsere schmale Kost einzunehmen. Überraschung! Mitten auf dem Appellplatz ist ein Galgen in die Erde gesetzt worden. Anstatt uns wieder zum Block zu begeben, müssen wir uns im Viereck aufstellen. Unsere Augen sind starr auf den Galgen gerichtet. Auguste Decaëns bekreuzigt sich vor mir.

Der Verurteilte, die Hände hinter dem Rücken zusammengebunden, erscheint, umgeben von zwei Soldaten. Es ist einer der seltenen »deutschen politischen Gefangenen«. Vor einigen Monaten ist er aus dem Lager entflohen und in Hannover aufgegriffen worden. Mit seinem nackten Oberkörper sieht er aus wie ein Athlet von

[37] »Franzosenschweine«, im Original deutsch (Anm. d. Übers.).

[38] Französisches Volkslied aus dem 17. Jahrhundert, oft bei Paraden und Märschen gespielt (Anm. d. Übers.).

klassischer Schönheit. Auf seiner rechten Hosentasche ist ein roter Mond als Zeichen der Fluchtverdächtigten angebracht. Sein Gleichmut ist bewundernswert. Es ist nicht die geringste Blässe in seinem Gesicht. Als sich jedoch der SS-Mann, der den Urteilsspruch des Lagergerichts vorliest, unterbricht, um zu hüsteln, sagt er leicht lächelnd zu ihm: »*Schnell!*« Dann steigt er auf den Schemel. Der Lagerkommandant, der die Funktion des Henkers ausübt, legt ihm das Seil um den Hals.

Der militärische Kommandant, der Feldwebel und ein Arzt sind bei der Exekution anwesend. Plötzlich dreht der Verurteilte seinen Kopf zu ihrer Seite, dann ruft er ihnen mit fester Stimme zu: »*Ich heute, Sie morgen.*«

Stöcken, 4.1.1945. Auguste Decaëns (Häftlingsnummer 34320), verstorben in Stöcken am 26.2.1945

In diesem Moment zieht der Lagerkommandant mithilfe eines Kapos den Schemel fort. Der Mann fällt ins Leere. Ich höre dasselbe trockene Geräusch wie in Neuengamme, jedoch weniger deutlich. Da das Seil zu kurz ist, ist der Fall wieder nicht tief genug. Wir haben alle den Eindruck, dass der Tod nicht unverzüglich eintritt. Der Gemarterte schlägt um sich, sein Körper wird von krampfhaften Zuckungen geschüttelt, die Schulter- und Bauchmuskeln kontrahieren und entspannen sich mehrere Male. Er stirbt langsam, schließlich ist er erdrosselt. Einige von uns haben sich abgewandt. Wir erinnern uns an Neuengamme, aber während der Himmel in jenem Lager bei einem vergleichbaren Anlass verhangen und schattig war, ist das Wetter in Stöcken wunderbar klar. Ein ganz blauer Himmel, nicht von dem dunklen Blau Südfrankreichs, sondern einer dieser deutschen Himmel, wie man sie hier sieht, von einem zarten und durchsichtigen Blau, ganz hell und klar. In diesem Landstrich Deutschlands ist es uns vergönnt, eigenartig schöne Himmel zu sehen, und besonders dann, wenn dicke graue und weiße Wolken, angefüllt mit drohenden Regenmassen, über die weite Ebene ziehen, werden wir an die geschundenen Aktfiguren holländischer Maler des 18. Jahrhunderts erinnert. Auch wunderbare Morgendämmerungen sind hier zu sehen. Da man uns trotz der morgendlichen Kühle sofort nach dem Wecken (gegen vier Uhr morgens) aus dem Block jagt, sehen wir oft den Sonnenaufgang. Der Himmel wird dann in einen außerordentlichen, wechselnden Feuerschein getaucht. Diese Wechsel

Hannover-Stöcken, 19. August 1944. »Der Verurteilte, die Hände hinter dem Rücken zusammengebunden …« (Der Erhängte ist Helmut Stankus, s. S. 20, Anm. d. Übers.)

der flammenden Farbtöne erregen jedes Mal, wenn wir sie beobachten, unsere Bewunderung. Es ist das einzige künstlerische Schauspiel, das uns dargeboten wird. Wenn es auch nicht die Macht hat, von unseren Leiden abzulenken, so verschafft es unseren Sinnen wenigstens einige Augenblicke der Entspannung.

Ungefähr zwei Wochen später sind wir erneut zwangsweise Zuschauer einer Hinrichtung durch den Strang. Es handelt sich diesmal um einen Russen, der ebenfalls versucht hat zu fliehen.

Der Unglückliche zeigt den gleichen Mut wie sein Vorgänger. Im letzten Moment ruft er in seiner Sprache einige Worte, die auf verschiedene Weise interpretiert werden, aber wohl lauten: »Es ist nicht der Krieg, es ist die Barbarei; Mutter Gottes, beschütze mich!«

Stöcken, 16.2.1945. Ein lettischer »Muselmann« (Häftlingsnummer 38909)

Er stirbt nach einer Qual, die ebenso lange dauert wie die des vorigen Opfers. Die Exekution am Galgen findet diesmal direkt vor unseren Augen statt. Makaber und schmerzlich anzusehen, entzieht sie sich jeder Beschreibung.

Das Wetter ist an jenem Tag wieder großartig, dabei bläst aber ein trockener Wind so stark, dass der schwarze Staub der im Hof ausgebreiteten Schlacke aufgewirbelt wird.

Danach geht das Leben für uns wie gewohnt weiter.

Im September trifft ein Konvoi mit Letten ein. Nun sind wir an der Reihe, diese gut gebauten Jungen mit ihren Haaren, dem klaren Blick und der gebräunten Haut zu bestaunen. Kerngesund, voller Leben kommen sie aus ihrem Land, wo sie, wenn auch als Gefangene, an der frischen Luft gearbeitet und sich einer speziellen Ernährung erfreut haben. Die kümmerliche Nahrung in Stöcken lässt sie ein wenig die Nase rümpfen, was sie jedoch am meisten bekümmert, ist der Mangel an Tabak. Um sich welchen zu beschaffen, gehen sie soweit, ihre magere Brotration zu tauschen. Dieser freiwillige Verzicht trägt seine Früchte. Die Letten werden in der *»Pastiererei«* eingesetzt, wo diese an sich kräftigen und widerstandsfähigen Kerle schnell durch den Nahrungsmangel und das Blei zermürbt werden. Sie schwinden dahin und sind schon nach weniger als zwei Monaten nicht wiederzuerkennen. Diese schönen Athleten sind nur noch *»Musulmans«*,[39] Ruinen. Von Bleikoliken gepeinigt kriechen sie gebeugt umher. Viele kommen ins *Revier* und viele von ihnen sterben dort.

[39] »Muselmann«: Bezeichnung für einen sterbenden, ausgezehrten KZ-Häftling.

Im Oktober verschlechtert sich die Lage, und die Moral sinkt beträchtlich. Zwar gibt es gute Neuigkeiten: Die amerikanischen Truppen haben die deutschen Grenzen erreicht. Doch zugleich werden im Reich alle Kräfte mobilisiert, was einen weiteren hart umkämpften Winter erwarten lässt. Mit der Aussicht, die schlechte Jahreszeit in Stöcken verbringen zu müssen, verfallen zahlreiche Kamera-

Stöcken, 9.1.1945. Unter Bleikoliken leidender »Muselmann«

den, besonders diejenigen, die ein schnelles Ende der Feindseligkeiten erhofften – ein Übermaß an Optimismus ist eben ein gefährlicher Fehler –, in Mutlosigkeit, was zum Teil auch eine Folge des fortschreitenden körperlichen Verfalls ist.

Stöcken, 16.2.1945. Ein Pole (Häftlingsnummer 18698)

Unsere Ernährung verbessert sich nicht, im Gegenteil. Ohne sich um die zunehmende Kälte und den Herbstregen zu kümmern, lässt Gustav uns weiterhin – ständig beschäftigt, Böses zu tun – schon im Morgengrauen vom *Blockchef* hinauswerfen. Wenn die Deutschen uns hinter dem Block, vor dem Wind geschützt, gedrängt zusammenstehen sehen, treiben sie uns mit Stockschlägen auseinander oder lassen uns endlose Märsche machen, ohne Rücksicht auf unsere armen, infolge von Müdigkeit und Ödemen geschwollenen Beine.

Währenddessen gehen die Luftangriffe weiter. Nachdem die Splitterschutzgräben zwischen den Blocks fertiggestellt sind, stößt man uns dort mit dem Knüppel zu jeder Tag- und Nachtstunde hinein, wenn die Sirene »*Voll Alarm*« auslöst. Unsere Lage verschärft sich noch in der Zeit, in der täglich Bomben in der Nachbarschaft niedergehen. Der Schienenstrang, der sich hinter dem kleinen Wald erstreckt, der Bahnhof Stöcken und die Fabrik scheinen bevorzugte Ziele zu sein. Eines Nachmittags führt ein schrecklicher Bombenangriff dazu, dass wir die Fabrik verlassen müssen. Man bringt uns in die Splitterschutzgräben des Lagers zurück. Die Bomben hageln auf den Boden nieder, der Graben bebt furchtbar. Wir haben den Eindruck, dass er über uns einstürzen wird. Der Bombensturm bläst durch unsere Beine, einmal mehr hören wir die Scheiben der Blocks zerbersten.

Nach dem Ende des Alarms verlassen wir die Splitterschutzgräben. Draußen verdichtet sich der Rauch und eine hektische Betriebsamkeit macht sich auf dem Appellplatz bemerkbar. Man transportiert Verletzte und Tote zum *Revier*. Zahlreiche Bomben sind im Lager niedergegangen. Eine von ihnen hat 25 Meter von unserem Schutzgraben entfernt den hinteren Teil von Block 2 zertrümmert. Die Explosion der Rakete hat am Stacheldraht Fetzen blutigen Fleisches hinterlassen. Im Hof des Reviers liegen die verstümmelten und zerfetzten Körper unserer getöteten Kameraden. Es sind achtundzwanzig Tote, darunter zwei Franzosen. Die Schwerverletzten werden im Lastwagen in das Krankenhaus nach Hannover gefahren.

Mit der schlechten Jahreszeit werden wir von allen möglichen Unannehmlichkeiten heimgesucht. Bislang hatten wir nur die erste und zweite Etage der Betten belegt. Die Ankunft eines Transports aus Braunschweig verändert das System der Übernachtung. Wieder einmal wechseln wir die Betten. Die Polen, die Russen und die Letten marschieren als erste durch und wählen natürlich die unteren Etagen. Die dritte ist für die Franzosen reserviert. So will es Gustav. Er weiß, was er tut. Die Feuchtigkeit lässt Wasser von der Zimmerdecke auf die Strohsäcke tropfen. Dazu bestimmt, wie meine Landsleute in der dritten Etage untergebracht zu werden, steige ich mit Jeannot dem Friseur, meinem derzeitigen Bettnachbarn, in meinen »Hühnerstall« hinauf. Der reinste Horror! Die Strohsäcke sind derartig durchtränkt, dass Wasser austritt, wenn man darauf drückt. Der Schimmelpilz hat sie mit einer grünlichen Schicht überzogen und ein Kraut – aber ja – wächst dort im Überfluss. Alle Strohsäcke der dritten Etage sind in diesem Zustand. Jeannot mag noch so sehr versuchen, seinen Einfluss bei Gustav geltend zu machen, es tut sich nichts. Wir müssen dort schlafen, auf diesen Strohsäcken und unter diesen Decken, von denen das Wasser herabtropft. Wir sind so ermattet, dass wir trotzdem schlafen – ungeachtet der Tränen, die die Zimmerdecke über unsere Körper und Gesichter fließen lässt. Am nächsten Tag ist unsere Kleidung ebenfalls durchnässt. Wir schlafen fast zwei Monate lang so, denn trotz der fortwährenden Bettenwechsel ist die dritte Etage für uns bestimmt, bis zu dem Tag, an dem die Letten in Ungnade fallen. Und dann ...

Damit ist unser Unglück aber noch nicht erschöpft. Das Wasser, eindeutig unser Todfeind, dringt in die Splitterschutzgräben des Lagers ein. Gleichwohl zwingt man uns, bei Alarm in sie hinabzusteigen. Stundenlang, Tag und Nacht, stehen wir bis zum halben Unterschenkel im Eiswasser. Die Alarme versetzen uns daher in Angst und Schrecken. Wir ziehen es vor, uns unter den Betten zu verstecken, vor allem nachts, auch auf die Gefahr hin, schrecklichen Schlägen ausgesetzt zu sein, denn lieber das, als in die Gräben hinabsteigen zu müssen. Leider können nur wenige zu dieser List greifen, um nicht aufzufallen.

Eines Nachts im Dezember ertönt wie üblich *»Alarm«,* und wie üblich werden wir geweckt und mit dem Gummiknüppel in die Splitterschutzgräben gestoßen. Von dem schönen Mondschein profitieren die Bomber der R.A.F.[40] Die Kälte ist heftig und das Wasser in den Bunkern ist derartig gestiegen, dass die Ersten von uns zögern,

[40] Royal Air Force, Luftstreitkräfte des Vereinigten Königreichs (Anm. d. Übers.)

bis zur Mitte der Gräben vorzurücken, wo das Wasser noch höher steht. Da der Durchmarsch ins Stocken gerät, schlagen die Kapos wie wild auf die Letzten ein, um sie zum Weitergehen zu zwingen. Männer brechen unter den Schlägen zusammen oder werden gegen die Seitenwände gequetscht. Das Brummen der Flugzeuge ist zu hören. Die Deutschen verlieren den Kopf. Sie haben die Angewohnheit, sich an die Enden der Splitterschutzgräben zu stellen, sobald alle Männer dort zusammengedrängt sind. Wir müssen ihnen diesen Platz überlassen, wo sie Lattenroste installieren ließen, denn da diese Halunken nichts mit ihren eigenen Händen machen, lassen sie sich wie die Prinzen bedienen. Dank dieses Systems bekommen sie keine nassen Füße.

»Gustav versperrt ihnen den Weg und stößt sie mit Fußtritten ins Gesicht und in die Brust zurück«

Währenddessen kommt niemand weiter. Die Kapos verzichten auf die Schläge, sie sind müde! Sie lassen die überzähligen Gefangenen zum Block umkehren, bis ihr gewohnter Platz frei ist. Dann setzen sie sich murrend hin. Die Bomben fallen. Zum Glück für diejenigen, die mit den Füßen im Wasser stehen, ist es ein kurzer Alarm. Die Sirene verkündet das Ende des Alarms. Diejenigen, die sich in den Splitterschutzgräben befinden, treten heraus, aber am Ausgang nach oben versperrt ihnen Gustav den Weg und stößt sie mit Fußtritten in das Gesicht und in die Brust zurück. So werden sie zur leichten Zielscheibe für den Kapo Ernst, genannt »*Aufgehna*«, der von der Seite her mit seinem Gummischlauch über die Balustrade hinweg furchtbare Schläge austeilt. Um vorbeizukommen, muss man den Schlag aushalten. Die Deutschen rächen sich immer noch ...

Im Gefolge eines heftigen Bombenangriffs stellt die Fabrik aus Gasmangel die Produktion ein. Die Rohre sind zerstört, wir somit arbeitslos. Es ist aber ein Irrtum zu glauben, dass wir in Ruhe gelassen werden. Man gibt uns kräftezehrende Arbeiten. Eine der berüchtigtsten besteht darin, mit den Armen einen schweren Lastwagen bis zur Fabrik zu schieben und ihn mit Schlacke oder einer anderen Ladung gefüllt zurückzubringen. Der Kapo, dem gewöhnlich die Leitung dieser Schinderei obliegt, ist Anton, genannt »die Eule«, wegen seiner Hakennase und seiner stechenden Augen. Auch er schlägt ohne Unterlass mit seiner scharfen Rute und überzieht unsere armen Rücken mit tiefen roten Striemen.

In den Splitterschutzgräben läuft das Wasser nicht mehr ab, es bleibt stehen. Der Lagerführer ordnet an, sie entleeren zu lassen. Es gibt eine Pumpe, doch stellt sich heraus, dass sie nicht oder schlecht funktioniert. Die Lösung, die unverzüglich angegangen wird, besteht darin, das Wasser durch die Gefangenen, mithilfe ihres Essgeschirrs, abschöpfen zu lassen und es danach in einen trockenen Brunnen zu schütten. Das Projekt wird also zur Ausführung gebracht. Vom Tagesanbruch bis in die Nacht, die Hände gefroren, die Körper durchbohrt vom kalten Wind, der ohne Unterbrechung pfeift (unsere Kleidung ist die gleiche wie im Sommer, wir haben weder Mantel noch Handschuhe), transportieren wir im Gänsemarsch das Wasser in unseren »Miska«,[41] die wir mit den Fingerspitzen festhalten. Wir entleeren einen Splitterschutzgraben in zwei Tagen, und nach einer halben Stunde steht das Wasser wieder so hoch wie zuvor.

[41] Polnisch für »Essgeschirr«, Begriff für Essschüssel im KZ.

Das Ganze dauert acht Tage, ohne Ergebnis. Angesichts der Sinnlosigkeit unserer Anstrengungen lässt der Lagerführer diese nutz-

Kapos, links: Ernst, genannt »Aufgehna«, rechts: Anton, »die Eule«

lose Operation einstellen. Der Militärkommandant willigt ein – ein außergewöhnlicher Zug von Menschlichkeit –, dass wir, außer bei schweren Bombenangriffen, nicht mehr in die Bunker hinabsteigen müssen. Wir atmen auf. Die Kapos lassen also ihre Lattenroste weiter erhöhen und zwar so, dass sie bei jeder Gelegenheit Schutz in den Gräben finden.

Inzwischen ist Albert (unser Blockchef) durch Kempf vom Block 3 ersetzt worden. Unser neuer Blockchef hat durchaus auch seine Anfälle, aber er wäre besser, unendlich besser als sein Vorgänger, wenn er als Ratgeber nicht dieses Kriechtier Gustav hätte, der immer auf der Suche nach neuen Schikanen ist, um unser schweres Dasein noch weiter zu verschlimmern. Im Folgenden gebe ich ein Beispiel aus einer Vielzahl seiner Erfindungen.

Jeden Monat erhalten wir eine Prämie der Fabrik, die aus vier oder fünf Zigaretten – »Machorka« oder »Rama« – und einer Art widerlicher und ungenießbarer Marmelade, manchmal grässlich versalzenen Miesmuscheln besteht. Es ist jedoch eine Prämie für die Produktion, das heißt für eine überdurchschnittliche Leistung. Im Block, wo die Zigaretten rar geworden sind, fehlen sie den Kapos, die danach schmachten. Wenn man nicht in der Fabrik arbeitet, sind die Möglichkeiten, sie sich bei Zivilisten zu beschaffen, begrenzt, und die Kapos, in dieser Hinsicht denselben Vorschriften unterworfen wie die anderen Gefangenen, haben nicht das Recht, das Lager zu verlassen. Gustav ist erfinderisch. Am Prämientag zeigt er sich freundlich, spricht nett mit uns, und die Kapos (die uns immer die Suppe austeilen) tragen während ihres Dienstes eine außergewöhnliche Sanftheit und Geduld zur Schau. Normalerweise geht eine Essensausgabe nicht ohne Stockschläge vor sich. Wenn ein Gefangener ein wenig zögert, sein Essgeschirr vorzuhalten, bemächtigt sich der Kapo der vollen oder leeren »Miska«, um sie ihm an den Kopf zu werfen. Die Verletzungen an der Stirn und im Gesicht, hervorgerufen durch den Rand des Geschirrs, sind sehr zahlreich. An diesen Tagen aber gibt es nichts als ein wohlwollendes Lächeln ... Als die Suppe ausgeteilt worden ist, geht Gustav von Tisch zu Tisch. In honigsüßem Tonfall – wir wissen in der Regel, was diese Haltung bei ihm bedeutet – schlägt er uns für den Block den Kauf einer neuen Haarschneidemaschine als Ersatz für die bestehende – vermeintlich in einem heiklen Zustand befindliche – vor. Um dieses unentbehrliche Instrument zu bekommen, genügt es ihm, wenn jeder ihm zwei Zigaretten gibt und er den Kauf übernimmt. Der Preis ist überhöht, zumal wir schließlich herausfinden, dass der Kapo (eines anderen Blocks) als Besitzer der neuen Haarschneidemaschine Gustav diese gegen eine Zigarette pro Mann überlassen wird.

Mit den dreihundert Gefangenen des Blocks wird das ein gutes Geschäft für Gustav und die Kapos, die somit in den Genuss von dreihundert Zigaretten kommen, ca. vierzig für jeden von ihnen. Die Polen, Russen und Letten stimmen zu. Allein die Franzosen widersetzen sich, indem sie über ihren Dolmetscher André Pierre, einen mutigen Bretonen, erklären, dass es der Lagerverwaltung obliege, nicht den Gefangenen, eine Haarschneidemaschine zu besorgen. Missmutig führt Gustav ein langes Gespräch mit dem Blockchef und den Kapos. Letztere scheinen erzürnt, die Blicke, die sie uns zuwerfen, sind voller grauenhafter Drohungen. Kein Zweifel, dass sie unter sich über eine Rache nachsinnen. Deutsche *»Schadenfreude«,* du bist nicht nur ein leeres Wort.

Jeden Monat schert man uns den Kopf kahl. Dabei erhalten wir *»autobahnés«.*[42] Da der Folgetag ein Sonntag ist, sitzt jeder ruhig im Innern des Blocks, bis er an der Reihe ist, und raucht die Zigarettenprämie, die ihm am Vortag gewährt wurde. Um das Vergnügen zu verlängern, qualmen Eugène, Marius, Auguste und ich eine zu viert. Plötzlich sehen wir Gustav und die Kapos ihren Schlagstock herausholen und sich in einer Reihe auf jeder Seite der Tür aufstellen, während der Blockchef ruft: *»Appell, alles raus!«*

Wir stürzen hinaus. Sogleich prasseln die Stockschläge auf uns hernieder. Ein riesiges Durcheinander entsteht. In unserer Hast versperren wir die Tür. Männer fallen übereinander, trampeln sich nieder. Kaum sind wir draußen, als der Leiter brüllt: »*Im Block*«. Wir müssen zurück, wieder unter Schlägen. Sobald wir wieder drinnen

[42] Kahlrasierter Streifen auf dem Kopf, der von der Stirn zum Nacken verläuft, eine Kennzeichnung der männlichen KZ-Häftlinge.

sind, gibt es erneut einen Appell des Blockchefs und ein neues Hinauslaufen unter den Schlägen. Die Komödie wiederholt sich sieben- oder achtmal hintereinander und hört erst auf, als die Kapos vom Prügeln müde sind. Einige von uns wischen ihr blutverschmiertes Gesicht ab, andere klagen über Prellungen. Die Sache wird zur festen Gewohnheit. Von nun an wiederholt sich diese Szenerie häufig. Wir treten nie mehr aus dem Block hinaus, ohne dass der Schlagstock uns Beine macht.

Stöcken, 25.2.1945, André Pierre (Häftlingsnummer 34761), »der offizielle Dolmetscher«

Das Ungeziefer verschlingt uns. Sämtliche Hygienemaßnahmen, mit denen wir versuchen, uns von den Läusen zu befreien, die Strohsäcke und Kleidung befallen, bleiben wirkungslos.

Unser Block ist nicht ausschließlich aus »Widerständlern« zusammengesetzt. Es gibt einige »Schwarzmarkthändler«, die übrigens leicht an ihrer Haltung und einer geringer ausgeprägten Würde zu erkennen sind. Zudem sind unter den Ausländern keineswegs nur Patrioten, nicht wenige wurden von den Deutschen aus der Untersuchungshaft oder dem Zuchthaus geholt, wo sie wegen Diebstahls oder ähnlicher Missetaten saßen. Diese Individuen haben ihre »bewährten Gewohnheiten« nicht verloren. Sie sind verantwortlich für fast alle Diebstähle, die im Block oder in der Küche begangen werden: Diebstahl von Kartoffeln, Diebstahl von Brot, Diebstahl oder Vertauschung von Decken. Letzteres ist eine echte Plage. Morgens oder abends, wenn wir von der Arbeit zurückkommen, stellen wir nicht selten den Verlust einer unserer Decken fest, ja sogar von beiden, und mehr stehen uns nicht zu. Wenn man nicht unbedeckt schlafen will, gibt es nur ein Mittel: Regimentsweises Vorgehen oder System D. Das ist dann der »Walzer« der Decken. Schließlich gibt es immer ein oder mehrere Opfer, die merken, dass sie beraubt worden sind. Denen bleibt nur die Möglichkeit, sich beim Kapo zu beklagen. Es folgt die Durchsuchung der Betten. Man findet manchmal drei oder vier Decken auf einem einzigen Bett. Die Kapos, rasend vor Wut, schlagen dann aufs Geratewohl zu, egal wen es trifft. Die Decken wandern daher mehr oder weniger weite Strecken auf alle Strohsäcke und alle Körper. So ist es praktisch unmöglich, die Läuse loszuwerden, mit denen sie am Ende alle versehen sind.

Am Heiligabend entdeckt ein Kapo drei Decken auf dem Bett eines Letten, eines rückfälligen Diebes, und fügt diesem, um der Ge-

»Sich einem Kapo zu widersetzen, wird unausweichlich mit dem Tod durch den Strang bestraft«

rechtigkeit willen, aber auch mit gewohnter Maßlosigkeit, derart schwere Schläge zu, dass er dem Tod geweiht ist.

Eines Tages zur Mittagszeit werden die Rollen auf dem Gebiet der Bruderkämpfe vertauscht. Wir leisten bei einem erheiternden und seltenen Schauspiel Gesellschaft: einer Abrechnung zwischen zwei Deutschen. Das Drama spielt sich folgendermaßen ab: Hans, den ich schon kurz erwähnt habe, ist einer der drei letzten »politischen« Deutschen des Lagers, die beiden anderen sind Jup, Leiter von Block 2, und Wolf, ein Kapo. Hans hat keinen Dienstgrad, aber er hatte lange einen Vertrauensposten bei der SS inne. Als er in Ungnade fiel, wurde er in den Block 4 abgeschoben und arbeitet wie wir in der Fabrik. Als Deutschem ist es ihm erlaubt, seine Mahlzeiten am Tisch der Kapos einzunehmen, wodurch er auch von ihren Ernährungszulagen profitiert. Von großem Wissen und gebildet, perfekt Englisch und ziemlich korrekt Französisch sprechend, liebt er es, mit seiner intellektuellen Überlegenheit anzugeben. Dieser Germane ist dort offensichtlich nicht in seinem gesellschaftlichen Milieu. Er befürchtet, dass wir ihn mit den anderen Deutschen verwechseln. Um uns also zu zeigen, dass er weder ein »Berufsverbrecher«, noch ein gewöhnlicher Gefangener ist – sein rotes Dreieck zeigt es uns schon –, geht er mit klassischen Büchern unter dem Arm spazieren, am häufigsten mit Goethes *Faust*. Da er keine Gelegenheit auslässt, seine Landsleute spüren zu lassen, dass er nicht zu Ihresgleichen gehört, können sie ihn nicht ausstehen, andererseits fürchten sie ihn, da sie davon ausgehen, dass er noch einen gewissen Rückhalt unter den Soldaten besitzt. »Das sind Banditen«, zögert Hans nicht zu sagen, wenn er von seinen Mitbürgern spricht. Diese Worte werden schließlich – ich weiß nicht durch wen – Schartelly, dem ersten Kapo, zugetragen. Der gewalttätige Knabe, ungestüm und nachtragend, verzeiht Hans diesen Ausspruch nicht, den er wahrscheinlich für ungerechtfertigt hält. Vor uns allen pö-

Deutsche politische Gefangene in Stöcken, oben: Jup, Chef von Block 2-3, 20.1.1945, unten: Hans, 21.1.1945

belt er Letzteren an. Kraft seines Amtes bezeichnet Schartelly Hans als »*Schwein Politiker*« und schickt sich an, ihm einen kräftigen Faustschlag zu versetzen. Sich einem Kapo zu widersetzen, wird unausweichlich mit dem Tod durch den Strang bestraft, daher nimmt Hans, der es nicht darauf anlegen will, dieses Schicksal zu erleiden, die Reaktion ohne Gegenwehr hin. Als sie seine passive Haltung sehen, werden die anderen Kapos mutiger. Bald gehen alle dazu über, den ängstlichen Hans zu schlagen, der sogar von ihrem Tisch weggejagt wird. Was folgt daraus? Keiner wird es jemals genau erfahren. Wenig später wird Schartelly aus seiner Stellung gedrängt und kehrt in die Reihen zurück. Wolf wird sein Nachfolger und Hans nimmt seinen Platz am Tisch der Kapos wieder ein. Ausgerechnet sie werden seine Freunde, als wäre nichts geschehen.

Hans hat ein neugieriges Wesen und sucht wieder die Gesellschaft der Franzosen, um mit ihnen literarische, und ja, sogar politische Plaudereien zu führen. Er sagt von sich, dass er von der Idee her Kommunist sei, von Beruf Journalist. Er spricht viel von Amerika, wo er gelebt hat, schmäht das Benehmen seiner Landsleute uns gegenüber und behauptet – als ob wir ihn dafür bräuchten –, dass die deutsche Niederlage feststehe. Dieser Mann, der oft schwer zu verstehen ist, ein Feind des Hitlerregimes, das aus ihm einen Gefangenen gemacht und ihn sterilisiert hat, bewundert Hitler, in dem er ein

Stöcken, 24.1.1945: »Die Schinderei, den Lastwagen durch den Schnee zu ziehen«

Genie sieht, aber vielleicht ist es im Grunde eher eine Huldigung an seine Rasse.

Ferner ergeht er sich in Lobeshymnen über den bemerkenswerten Widerstand seines Landes. Er behauptet, die Franzosen trotz ihrer Kindereien zu mögen, denn für ihn ist der Franzose ein großes Kind, spontan, aber ohne Reflexion. Er lügt, wie ein Deutscher zu lügen weiß, das heißt, er mag die Franzosen nicht. Er verabscheut sie. Für den Moment ignorieren wir ihn. Später meiden wir ihn, als er, so wie die anderen auch, anfängt, uns zu misshandeln.

Hans ist nur dann ehrlich und von Interesse, wenn er von seinen Göttern spricht: Goethe und Jean-Paul Richter. Abgesehen davon ist er nur ein brutaler und hinterhältiger Deutscher wie die anderen auch.

KZ Stöcken, 5.2.1945. Louis-Joseph Perret (Häftlingsnummer 34838), genannt Lou Perret

Feste wie Weihnachten und Neujahr bedeuten keine große Verbesserung des Alltags. Als Zusatz erhalten wir ein Stück Lebkuchen und ein paar »Machorka«-Zigaretten. Am Weihnachtstag arbeiten wir wie gewöhnlich. Es gibt keine Feier für uns. Doch am Neujahrstag organisieren die Gefangenen des Blocks 2 eine kleine Abendunterhaltung. Eine Gruppe Franzosen erscheint auf der Bühne, um Melodien aus ihrer Heimat zu singen, und erntet zu unserer großen Überraschung donnernden Applaus. Die Stimmungsmacher der Gruppe sind Lou Perret und Paul Gilbertas. Die Russen geben der Vorstellung eine nostalgische Note mit ihrem berühmten Lied Wolga, Wolga, einem Klagelied voll melodischer Trauer, in das alle Russen im Saal im Chor einstimmen.[43]

[43] Im Original steht »reprennent en cœur«, was etwa bedeuten könnte, dass alle russischen Gefangenen das Lied auswendig konnten, vermutlich soll es aber heißen: »reprennent en chœur« (Anm. d. Übers.).

Unterdessen hat es tagelang geschneit. Bei klirrender Kälte hat der Frost seinen Hermelinmantel auf die Erde festgenagelt. Die Schindereien bei den Außenarbeiten sind sehr hart und die Arbeit in der Fabrik ist zum Teil wieder aufgenommen worden. Trotz der besonderen Härte der Arbeit im Freien oder vor den Öfen ziehen wir es vor, weit entfernt vom Block zu arbeiten, wo das Leben unerträglich ist.

In Stöcken gibt es zwei Appelle pro Tag, einen morgens und einen abends. Im Allgemeinen sind sie aus Zeitmangel kürzer als in Neuengamme, doch manchmal dauern sie auch sehr lange. An einem Novemberabend stehen wir mehr als eine Stunde im prasselnden Regen, um auf die Soldaten zu warten, die den Appell abschreiten müssen. Wir werden bis auf die Knochen durchnässt, und es dauert lange, bis unsere Kleider trocknen. Eines Morgens bemerken wir, dass zwei Letten beim Appell fehlen. Obwohl wir die ganze Nacht gearbeitet haben, lässt man uns drei Stunden lang in Reih und Glied stehen, ohne dass wir uns bewegen dürfen. Wir sind durchgefroren. Schließlich werden die Fehlenden gefunden, versteckt in einem Küchenkeller.

Die Letten werden der versuchten Flucht angeklagt, aber es gibt keine öffentliche Hinrichtung. Einer der beiden wird von der SS auf ein Feld mitgenommen, dann mit Revolverschüssen niedergestreckt. Der andere wird an einem Bettfuß im Schlafsaal seines Blocks aufgehängt, damit es wie ein Selbstmord aussieht. Ein Franzose, mein Kamerad Marius Chassaigne, wurde Zeuge dieser Exekution. Er befand sich zufällig im Block, als der Gefangene und seine Henker dort eintraten. Bevor sie ihr Verbrechen in die Tat umsetzten, durchsuchten sie alle Winkel, um sicher zu sein, dass niemand sie sah. Chassaigne kam unbemerkt davon, niemand weiß wie. Er duckte sich nieder und hielt den Atem an, bis die Deutschen verschwanden. Hätte man ihn in jenem Moment entdeckt, so hätte er ohne Zweifel dasselbe Schicksal erlitten. Als er aus seinem Schlupfwinkel herauskam, hatte der Lette aufgehört zu leben.

3. Tagebuch

Januar 1945

André Pierre, unser Übersetzer, wird vom Lagerführer zu einer höheren Beschäftigung abgerufen. Freysse, ein wackerer kleiner Knabe aus Toulouse, nimmt im Block seine Funktion als *»Dolmetscher«* ein.

Freysse ist ein mutiger Junge, aber seine körperliche Erscheinung und seine Moral sind bereits von seinen Leiden gezeichnet. Die fortwährenden Bombardierungen wirken sich verheerend auf seine Nerven aus. Eines Abends, kurz vor dem Aufbruch zur Arbeit, überrascht uns ein Alarm. Niemand darf sich mehr bewegen. Im Finstern schlafe ich auf dem Tisch ein. Einige Bomben fallen. Freysse, der an meiner Seite liegt, drückt sich an mich. Sein Zittern weckt mich auf. Trotzdem fehlt es dem jungen Mann nicht an Mut. Zum Beweis vertraut er mir, als die Bombardierung beendet ist, in aller Ruhe sein Fluchtprojekt an. Die Details, die er mir zu diesem Thema darlegt, zeigen, dass er seinen Plan sorgfältig ausgearbeitet hat. Nichts wird dem Zufall überlassen. Am Ende werde ich von seinem Geschick und seinem Einfallsreichtum angesteckt. Die Flucht in einer Gruppe schließt er aus, aber da er nicht allein ausreißen will, bittet er mich, sein Gefährte zu sein. Nach einem Moment des Nachdenkens antworte ich mit »Ja«, denn es geht um Freiheit oder Tod. Wir beschließen, dass wir, wenn im Frühling der Krieg anzudauern droht, unser Glück versuchen werden. Leider kommt Freysse einige Tage später auf die Krankenstation, um dort zu sterben. Armer kleiner Dolmetscher, was wird nun aus unseren Träumen von der Flucht!

Kaum ist Freysse verstorben, gibt es einen weiteren Todesfall und zwar den des jungen Bob, der seit Ende Dezember im Krankenhaus ist. Diese Toten sind nicht die einzigen. Wir werden noch von vielen anderen erfahren.

Stöcken, 3.2.1945: André Colin (Häftlingsnummer 35070), der »Dolmetscher« von Block 4

Unsere einhellige Zuneigung bestimmt André Colin dazu, Freysses Nachfolge anzutreten. Colin, Grundschullehrer von Beruf und ursprünglich aus Morvan, ist ein guter Kamerad für uns alle. Er erfüllt vollkommen die undankbare Aufgabe, die ihm anvertraut wird, und das mit einer Kühnheit, die niemand von uns ihm abstreiten würde. Er übernimmt alle ihm auferlegten Aufgaben und zögert nicht, die wenigen Rechte zu verteidigen, die wir überhaupt haben. Es kommt sogar vor, dass er für unsere Fehler zahlt, ohne uns dabei jemals etwas übel zu nehmen.

Unser armer Freund Auguste Decaëns kommt erneut ins *Revier*. Er hat Schmerzen in den Beinen, aber mit seiner Moral geht es anscheinend ebenso bergab wie mit seiner Gesundheit. Trotz unserer gemeinsamen Aufmunterungsversuche erweist er sich als unfähig, wieder auf die Beine zu kommen, und brütet über finsteren Gedanken, die ihn allmählich genauso zermürben wie die Entbehrungen, unter denen wir alle leiden.

Mit unserem armen leeren Magen bekommen wir kulinarische Träume, die zu fortwährenden Unterhaltungen über die Kunst des guten Essens führen. Jeder erzählt von den gastronomischen Spezialitäten seines Landes, in allen Variationen und Möglichkeiten der Zubereitung. An Tisch 10, wo Eugène *»Tischeltester«*[44] ist, erzählt uns Serra aus Nizza, ehemals Koch, vor unserer Suppe aus warmem Wasser von diesem oder jenem Rezept. Wir fühlen, wie uns das Wasser im Mund zusammenläuft. Je größer unser Hunger wird, desto schwerer tut sich unsere Vorstellungskraft in der Auswahl der Gerichte. Wie seltsam das auch erscheinen mag, unser Denkvermögen lässt nur die sachkundigste und raffinierteste Speisezubereitung zu. Das ist jedoch ein reines Phänomen des Gehirns, denn so anspruchsvoll auch unsere Einbildungskraft ist, unser Magen ist es viel weniger. Im Wasser gekochte Kartoffeln ohne jegliche Zutat oder einfache, trockene Brotstücke, das Ganze in ausreichender Menge, damit wären wir wirklich mehr als zufrieden! Wir würden Geschmack und besondere Qualität in den einfachsten Mahlzeiten finden, die man sich zubereiten kann.

Derzeit sind wir in Hannover-Stöcken. Wir haben nichts oder fast nichts zu essen. Es ist kalt, es schneit und es friert. Wenn wir im Morgengrauen oder am späten Abend endlos lange vor dem Eisentor stehen, bevor wir zur Arbeit aufbrechen, schlottern wir unter unserer leichten Kleidung. Das Licht des Lagerscheinwerfers schneidet unsere mageren Umrisse aus.

Weil sie ein Messer in der Fabrik angefertigt haben, werden drei Gefangene, die von einem Zivilarbeiter verraten wurden, schwer verprügelt und gezwungen, einen ganzen Tag lang trotz der eisigen Tem-

[44] Tischältester, zuständig für die (gerechte) Verteilung des Essens.

[45] Hier werden von René Baumer offenbar zwei räumlich getrennte Einrichtungen in eins gesetzt: die École du service de santé militaire in der Avenue Berthelot 14 in Lyon, wo sich ab Mai 1943 die Sektion IV der Gestapo befand. In diesem Gebäude fanden die Verhöre von Gefangenen statt, die vom wenige Kilometer entfernten Gefängnis Montluc dorthin gebracht wurden. Vgl. die Informationen in: www.ajpn.org/internement-ecole-du-service-de-sante-militaire-742.html (Abruf 21.3.2020) (Anm. d. Übers.).

peratur mit den Händen hinter dem Nacken aufrecht vor einem Block zu stehen. Soldaten wechseln sich ab, um sie zu beaufsichtigen und sie daran zu hindern, die Arme sinken zu lassen. Am Ende bricht einer von ihnen, aus Unterkühlung oder Erschöpfung, zusammen. Die beiden anderen ertragen ihre Qual bis zum Ende. Als sie zum Block zurückkehren, sind sie nur noch zwei Wracks, zwei Wesen, die nichts mehr verstehen und nichts mehr spüren können.

Stöcken, 6.1.1945. Jean Moulot (Häftlingsnummer 33383), verschwunden im April 1945

Stöcken, 14.1.1945. Arnold Jensen (Häftlingsnummer 54561; René Ramage = Pseudonym von René Baumer)

Eines Morgens, bevor wir uns versammeln, finde ich *Politi,* jammernd und heulend. Dieser Junge, den ich als so tapfer und optimistisch kannte, ist jetzt die Verzweiflung in Person. Jemand hat ihm seine Jacke und seine Schuhe gestohlen. Er geht so weit, sich verloren zu geben. Ich kann ihm nicht helfen, da ich selbst nackte Füße habe.

Wir füllen – das versteht sich von selbst – unsere seltenen Momente der freien Zeit mit Träumen und Erinnerungen. Ein Gegenstand, eine Ähnlichkeit, irgendeine Handlung – und wir kehren wieder zurück, an einen anderen Ort. Auf dem Hof hält ein Soldat einen Hund an der Leine. Der große Hund zeigt seine weißen Zähne, spitz und furchterregend. Daran ist eigentlich nichts besonders Bemerkenswertes: ein Deutscher, ein Hund! Für mich ist es in dieser Minute mehr als ausreichend, mich an eine beängstigende Phase meines Lebens zu erinnern.

Ich sehe wieder das Gefängnis Montluc in Lyon vor mir, wo ich mehr als anderthalb Monate verbrachte, in der einstigen militärischen Schule für Gesundheitswesen, die zum Sitz der Gestapo wurde.[45] In dieser Folterstätte wurden unzählige Patrioten gequält, einige bis zum Tode, deren einziges Verbrechen darin bestand, dass sie ihr Land verteidigen wollten. Ich sitze in diesem Gebäude, mit Handschellen an den Händen, in Erwartung einer Vernehmung, zwischen anderen Gefangenen, die Augen gegen die Wand gerichtet. Es ist verboten, sich umzudrehen. Soldaten mit Maschinenpistolen unter dem Arm hören nicht auf, uns laut »*Verboten*« entgegenzuschreien. Kein Tageslicht dringt in diese feuchten Keller. Wir werden nur durch den schwachen Schimmer einer elektrischen Lampe beleuchtet. Es herrscht vollkommene Stille, denn es ist verboten zu sprechen. Das geringste Wort würde zu einem Kugelhagel führen. Neben mir befindet sich eine Person, für die ich eine ebenso tiefe wie natürliche Liebe empfinde. Diese Person wird aufgerufen und verschwindet in Begleitung eines deutschen Gestapo-Inspektors. Ich bleibe in Todesängsten zurück, mit quälenden Gedanken. Ich denke an meine erste Nacht in demselben Verlies, an den Abend meiner Festnahme. An jene Nacht, die ich allein in der Gesellschaft eines jungen Arztes aus Lyon[46] verbrachte, der auf den Morgen wartete, an dem er verhört werden sollte. Auf seiner Brust hatte er lange rote Striemen, die von früheren Verhören stammten. Er sprach zu mir voller Angst, als am Morgen sein Name aufgerufen wurde: »Denk an mich«, womit er ausdrücken wollte, »bete für mich«, was er nicht zu sagen wagte. In der Nacht sagte er mir unter anderem: »Selbst wenn man dich schlägt, selbst wenn man dich quält, selbst wenn du leidest, sag nichts.« Diese Empfehlung ging mir noch lange durch den Kopf.

[46] Dieser junge Arzt ist von den Deutschen erschossen worden.

Ganz in meine finsteren Gedanken versunken, stelle ich mir die entsetzlichen Qualen und das Gesicht der Person vor, die gerade hinausgegangen ist und meinem Gehirn keine Ruhe lässt, als ich plötzlich Schreie höre. Man verschließt unsere Tür. Die Schreie kommen näher. Es sind Schmerzensschreie, die von jemandem ausgestoßen werden, den man schleift und schlägt. Die Tür der Nachbarzelle wird geöffnet. Jemand muss den Mann, der sich festklammert, in das Innere stoßen. Sofort werden seine Schreie durch das Gebell eines Hundes übertönt. Die Tür schließt sich wieder. Der Mann, wahrscheinlich angekettet, und das Tier kämpfen miteinander. Es muss ein wilder Kampf sein, den sie sich liefern, den dumpfen Schlägen nach zu urteilen, die gegen die Wand hallen. Die Schreie des Mannes werden verzweifelter, das Heulen des Hundes wilder. Schließlich bemerkt man eine Art Rasseln und das wütende Knurren der Bestie, die brutal auf ihr Opfer losgeht. Schließlich öffnet sich die Tür, jemand ruft das Tier, das bereitwillig hinausgeht. Dann sind Schritte und der stumpfe Klang mehrerer Schläge zu hören, die auf einen entkräfteten Leib treffen. Alles schweigt, es ist wohl alles vorbei. In unserer Zelle sehen wir uns an, ohne ein Wort zu sagen. Wir haben nur das unsichtbare Drama gehört, was vielleicht noch eindrucksvoller war, als wenn wir es gesehen hätten. Ich fühle, wie das Blut aus meinem Gesicht entweicht, und denke immerfort an die Person, die dem Deutschen gefolgt ist. Wenn sie es war? Diese Möglichkeit lässt mich erschauern. Ich werde erst beruhigt sein (was mich nicht daran hindert, den Unglücklichen zu beklagen, der vielleicht nebenan seinen letzten Schlummer schläft), wenn ich sehe, dass sie ihren Platz an meiner Seite wieder einnimmt ...

Stöcken, 3.1.1945. Marius Tréfouel (Häftlingsnr. 33808), verstorben in Bergen-Belsen am 15.4.1945

Im Hof von Stöcken sind der Soldat und der Hund verschwunden.

8. Februar 1945

Um 21 Uhr ertönt der gewohnte Alarm, der nun unsere Überführung in die neuen Schutzräume der Fabrik notwendig macht. Diese sind viel bequemer als die alten. Es gibt Licht und wir können uns »unter Freunden« versammeln. Eugène ist es, ich weiß nicht durch welches Kunststück, gelungen, sich etwas Tabak in einem Stück Zeitungspapier zu beschaffen. Er dreht eine Zigarette, die wir mit Marius zusammen rauchen. Le Vetto, einer unserer Kameraden, sieht traurig und übermüdet aus. Wir fragen ihn nach dem Grund.

»Carlier«, sagt er, »ist heute Morgen im Revier gestorben«. Das ist der zweiunddreißigste Franzose. Als ich ihm sage, dass ich mich kaum an den Mann erinnern kann, fügt Vetto hinzu: »Es war ein Grundschullehrer aus Aisne. Du kennst ihn genau. Er hatte dich kürzlich gebeten, ihm einen kleinen Gefallen zu tun.« Nun erinnere ich mich: Ich sehe Carlier wieder vor mir, wie er mich schüchtern, ganz nach seiner Art, um ein bescheidenes Erinnerungsstück bittet. Ich hatte es ihm versprochen, doch mein Versprechen nicht gehalten, mir fehlte die Zeit dafür. Darüber bin ich bestürzt. Le Vetto, der das bemerkt, klopft mir freundschaftlich auf die Schulter: »Zu seinem Tod kannst du immer noch ... « Ja, das kann ich. Ich werde dem Toten das Versprechen halten, das ich ihm noch lebend gegeben habe.

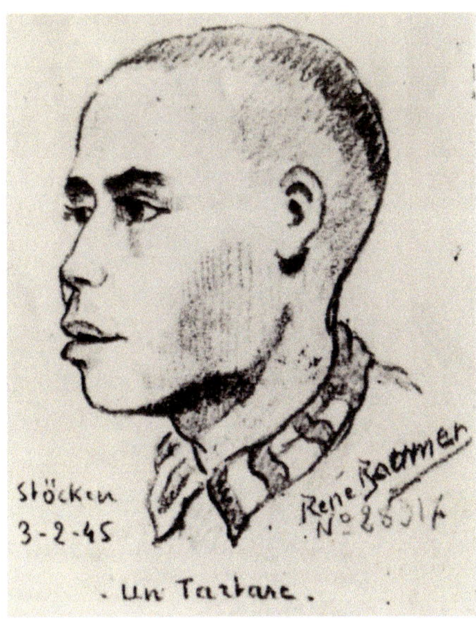

Stöcken, 3.2.1945. »Ein Tartare« (Häftlingsnummer 28917)

Wir treten gegen Mitternacht aus dem Schutzraum hinaus. Drei Stunden Erholung, das ist nicht zu verachten. Sonst verbannt uns der Alarm nach der Arbeit allzu oft unter die Erde. Heute wollen wir uns über die Pause freuen.

10. Februar

Immer mehr Tote. Gerade ist Pichard gestorben, ein derber normannischer Bauer, dessen prächtige Muskulatur ich einst bewunderte. Wieder ein Kamerad, der uns verlässt, ein zuverlässiger Freund. Er besaß eine stets gleichbleibende Laune, hielt seinen Optimismus beständig aufrecht, eine stählerne Moral, wie Eugène sagt. In letzter Zeit ist er hart getroffen worden, wurde zermürbt durch die Entbehrungen und die schlechte Behandlung. Wir machten uns Sorgen über die Verschlechterung seiner Gesundheit, aber sein Tod hat uns überrascht.

Marius schleppt einen schrecklichen Trübsinn mit sich herum. Eugène macht sich seinetwegen Sorgen. Er hat ihn die ganze Nacht weinen hören, wagte aber nicht, ihn aufzustören. Heute Morgen stieß Marius einen Schrei unerträglichen Schmerzes aus: »Werde ich meine Frau und meine Tochter wiedersehen, werden wir hier lebend herauskommen?« Ich versuche nicht, ihm mit gekünsteltem Trost Mut zu machen. Ich schüttele ihn ein wenig, diesen verzweifelten Mann aus Trouville. Um seine Eigenliebe durch einen Vergleich bis ins Mark zu treffen, rufe ich ihm zu: »In meiner Familie sind fünf in deutschen Konzentrationslagern, und alle fünf sind nicht mehr jung.«

Er schweigt. Eugène bewahrt den einzigen Brief, den er von seiner Frau bekommen hat, sorgfältig in seiner Hosentasche auf: »Ich bin glücklich, mein Alter, sie alle bei guter Gesundheit zu wissen. Diese Karte, das ist alles, was ich von ihr hier habe.« Dann erzählt er mir lange von seinem kleinen Jungen.

Am Abend ein Alarm, wie jeden Abend, mit Bomben und ratternder Flugabwehr. Der Block bebt wieder einmal, wir nicht! Die zerbrochenen Fensterscheiben werden nicht mehr ersetzt, man setzt Pappen an ihrer Stelle ein. Selbst mitten am Tag liegt der Block im Halbdunkeln.

12. Februar

Johnny, unser neuer Blockchef, verbietet uns, dass wir uns zu zweit schlafen legen. Dabei tat das so gut. Wie können wir uns jetzt mit unseren zwei leichten Decken wärmen? Glücklicherweise sind die Temperaturen seit zwei, drei Tagen milder. Johnny ist ein gewalttätiger Mensch, vom Schlage Alberts. Von seiner Körperstärke her sieht er so aus, als würde er grausame Schläge verteilen. Er ist ein Niederknüppler, wie man sagt. Seine Stockschläge setzt er mit Kenntnis und Präzision. Angepeilt wird immer die Stelle unterhalb der Rippen, wo die Leber sitzt. Ich habe Männer sich danach auf der Erde entlangschleppen sehen, den Mund weit geöffnet, nach Atem ringend – so wie es die Fische tun, wenn man sie aus dem Wasser holt –, die Hand auf die schmerzende Seite gepresst. Marius hat geweint wie ein Kind, als er diesen brutalen Schlag abbekommen hat. Auch ich habe diese »Gewaltherrschaft« am eigenen Leibe erfahren. Der Schmerz schlägt sich auf den Magen und den Unterleib nieder, und man hat das Gefühl, als ob die Beine an den Knien abgeschnitten wären. Johnny ist noch gefürchteter als der Kapo Frantz. Letzterer ist vielleicht stärker, aber seine Schläge sind weniger genau kalkuliert. Frantz wird *»schlagueur«* genannt. Wenn man bedenkt, dass er zu Beginn nicht wagte, uns zu schlagen. Seitdem hat er sich sehr verändert. Wolf, der erste Kapo, ist fort. Eines Tages kamen Soldaten in die Fabrik, um ihn zu suchen. Man sagt, dass er verpflichtet wurde, in der Armee zu dienen. Mit seinem Aufbruch haben wir sehr viel verloren. Er ist durch Walter ersetzt worden, genannt »der Freibeuter«, tätowiert von Kopf bis Fuß. Im Zivilleben war er Inhaber von einem Bordell oder etwas in der Art. Von seiner glorreichen Vergangenheit hat er die »vornehme« Ausdrucksweise, sein Gebaren, seine Haltung bewahrt, kurz, alle Stigmata der Gossenritter. Er hat die Fähigkeit des Raubmörders, jemandem Knüppel zwischen die Beine zu werfen. Er trifft schwer, damit die Beute nicht verdirbt.

Trotzdem, unter den Kapos ist er es, bei dem man noch die meiste Menschlichkeit findet – oh, es ist aber doch so wenig! Er ist vor allem von trägem Naturell. Heute verspüre ich eine große Müdigkeit, wie es bei mir selten der Fall ist. Ich führe diese Mattigkeit auf die Ofenhitze zurück. Ich denke, dass es mir morgen besser geht, dass meine Atemnot vorbei sein wird. Gestern war ein Tag der Güte. Für die Abendmahlzeit haben wir eine Suppe bekommen, Sirup, Brot und Würstchen. Noch nie haben wir so viel gehabt. Ein Tag wie kein anderer!

Dafür, dass sie zu mehreren in einem Bett überrascht worden sind – das einzige Mittel, um sich aufzuwärmen –, sind sechs Franzosen öffentlich verprügelt worden.

Ein Konvoi mit Dänen ist vor einiger Zeit eingetroffen. Diese jungen Leute erfreuen sich eines Systems der Vergünstigungen. Ihnen wird erlaubt, lange Haare zu tragen, und sie erhalten jede Woche Pakete. Aus diesem Grund benehmen sich die Kapos – besonders Gustav – gut zu ihnen und spielen sich als Beschützer auf, zweifellos in der Hoffnung, für ihre große Güte bezahlt zu werden. Unter all diesen Umständen bewahren die Dänen ihre Würde. Trotz ihres durchtriebenen Verhaltens erhalten die Deutschen von ihnen nur

Stöcken, März 1945, der Kapo Walter, genannt »Freibeuter«

sehr wenige Dinge, sodass sich deren Verdruss bald auf brutale Art und Weise äußert. Die Dänen werden der »*Pastiererei*« zugeteilt, um die Lücken aufzufüllen, die der Tod in die Mannschaft der Letten gerissen hat.

Die Dänen bringen uns Franzosen gegenüber eine aufrichtige Sympathie zum Ausdruck. Sie versäumen nie, unsere Kultur zu loben, und auch unsere Beziehungen zu ihnen sind stets die freundlichsten und herzlichsten.

22. Februar

Seit Freitag sind wir wegen des Gasmangels arbeitslos. Heute hält man uns wie jeden Morgen außerhalb des Blocks fest. Wir kauern uns eng zusammen, um uns vor der Kälte zu schützen. Gestern Morgen sind wir unter eisigem Wind im Hof marschiert, heute scheint man uns mit den Übungen in Frieden zu lassen. Die Mauern des Blocks schützen uns. Man zieht uns nicht zu Sonderdiensten heran, weil wir von einem Moment auf den anderen aufgerufen werden könnten, um die Arbeit wieder aufzunehmen. Schließlich werden wir in den Block gelassen, um die Betten in der vorgeschriebenen Form zu machen. Wir schätzen uns glücklich. Gustav ärgert uns etwas, indem er die schlecht gemachten Betten abzieht und uns zwingt, sie neu zu beziehen, aber daran sind wir gewöhnt. Ungeduldig warten wir auf die Suppe. Seit zehn Tagen ist sie immer gleich: Steckrüben, Steckrüben und dünn, sehr dünn ... Diese abscheuliche Suppe nehmen wir mit grenzenloser Freude entgegen, und wir leeren gierig unser Essgeschirr, ohne zu murren über den Mangel an Abwechslung in der Ernährung – so sehr quält der Hunger unsere Eingeweide.

Stöcken, 17.2.1945. Ein Däne (Ove Misfeldt Sörensen, Häftlingsnummer 54589)

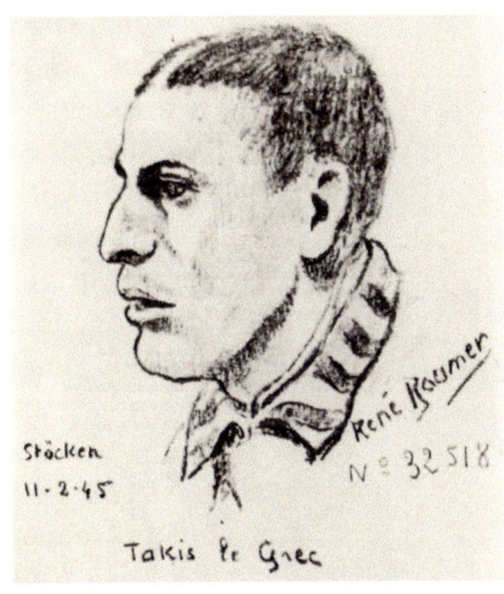

Stöcken, 11.2.1945. Takis der Grieche (Theophilos Mylopoulos, Häftlingsnummer 32518)

Sammeln für den Appell bei Einbruch der Nacht. Man zieht uns dieses Mal ganz nah bei der Küche zu Vierecken zusammen. Warum? Es dauert nicht lange, bis unsere Neugier befriedigt wird, denn wir umschließen einmal mehr den düsteren Galgen. Heute Abend hat er nur den Platz gewechselt.

Da ist der Todeskandidat. Wir sind weit entfernt von dem undurchdringlichen Stoizismus der beiden Russen vom Lager Neuengamme, der Kaltblütigkeit des schönen deutschen Athleten vom 19. August, der ruhigen Energie des Russen vom September! Heute Abend, unter diesem Winterhimmel, sehen wir die dürftige Resignation eines kleinen hinkenden Mannes: Ein Pole mit einem mageren und traurigen Gesicht, bloß des Diebstahls in der Fabrik angeklagt. Man legt ihm das Seil um den Hals, seine Lippen bewegen sich. Ohne Zweifel murmelt er Gebete, denn er bekreuzigt sich sofort, als seine Hände von den Fesseln befreit sind.

Das Seil ist wieder kurz. In einem überraschenden Akt der Menschlichkeit umgreift ihn ein Kapo entschlossen mit den Armen am Körper, hebt ihn an und wirft ihn gewaltsam ins Leere. In dieser Sekunde denken wir alle, dass der Tod schnell eintritt, und unsere Anspannung vermindert sich daher bei dem Gedanken, dass zu den beiden letzten allzu langsamen Todeskämpfen kein dritter hinzukommt. Nun aber nimmt das Unglück seinen Lauf. Das Seil reißt und der Unglückliche schlägt auf dem Boden um sich, wo man ihn vor Schmerzen stöhnend liegen lässt, während das Seil ausgebessert wird. Dann heben sie ihn wieder hoch und hängen ihn mit dem Hals in die Schlinge, behutsam, um ein erneutes Reißen des Seiles zu vermeiden. Der Arme haucht sein Leben durch eine langsame Strangulation aus – viel langsamer noch als die anderen. Hat er keine Gnade verdient? Ähnliches ist schon in Ländern geschehen, wo der Tod durch den Strang die übliche Art der Exekution ist oder war. Beim Reißen des Seiles während der Hinrichtung wird der Verdammte, selbst wenn er der größte Verbrecher ist, immer begnadigt. Sogar die gottlosesten Richter haben die Gewohnheit, in diesem Ereignis ein spirituelles oder göttliches Eingreifen zu sehen. Jedenfalls wagt die menschliche Rechtsprechung es nicht, dem Tod ein zweites Mal das anzubieten, was er beim ersten Mal verweigert hat. Dieser harmlose Pole hätte angesichts der Geringfügigkeit seines Falles mit umso größerem Recht von einer solchen Milde profitieren müssen. Aber der Deutsche hat diese Nachsicht nicht, er bleibt seiner fixen Idee treu. Dem Todesurteil muss die Exekution folgen.

Keine Vergebung, keine Gnade, Unglück den Besiegten!

23. Februar

Gestern ist die Nacht mit dem Tod über dem Lager eingebrochen. Heute Morgen steht der Tag mit dem Tod auf. Im Speisesaal auf einer Bank liegt ein lebloser Däne mit Speichel am Mund. Der Unglückliche ist sofort nach dem Sprung aus dem Bett zusammengesackt. Wie kam es zu seinem Ende? Man weiß es nicht. Vielleicht ist es eine Bleivergiftung. Die Dänen leiden viel weniger als wir an den Entbehrungen, denn sie erhalten Pakete. Wir niemals!

Die Arbeit in der Fabrik beginnt von neuem, ebenso die Komödie mit der Kohle. Im Block haben die Kapos einen Kohleofen, aber es mangelt an Holz und noch mehr an Kohle. In der Fabrik aber gibt es welche. Auf Befehl der Kapos verstecken jene Gefangenen, die offensichtlich dazu bereit sind, Stücke davon unter ihrer Jacke oder in ihren Hosenbeinen. Zur Belohnung bekommen sie von den Kapos eine zusätzliche Suppe. In ihrem Misstrauen führen die Meister täglich Durchsuchungen am Ausgang durch. Derjenige, bei dem sie Kohle finden, empfängt von den Kapos eine harte Tracht Prügel. Wenn im Block jedoch derselbe Gefangene etwas aus einem gut getarnten Ort seiner Kleidung hervorholt, ist derselbe Kapo bereit, ihm seine zusätzliche Suppe zu geben, um ihn zur Wiederholung anzustiften. Somit schrecken einige nicht davor zurück, selbst um den Preis einer harten Dresche ihren Magen zu füllen. Der Hunger treibt einen zu allen möglichen Aktionen und Versuchen.

Wenn ein Gefangener ein Paket empfängt, bietet sich der Blockchef sogleich an, es für ihn an einen sicheren Ort zu bringen, zum Schutz vor Diebstahl. Ist der Gefangene damit einverstanden, kann er beruhigt sein, denn niemals wird er sicherer oder besser bestohlen werden. Er mag sich wundern, dass seine Zigaretten, seine Süßigkeiten, seine Konserven verschwunden sind, aber er wird nichts sagen, sich nicht beklagen können. Darauf hinzuweisen, dass der Blockchef ein Dieb ist, das wäre so, als ob man sich selbst zu einer »schönen Tracht Prügel« verurteilt.

26. Februar

Im *Revier* ist heute Morgen Auguste Decaëns gestorben.

Marius, Eugène und ich sind niedergeschmettert. Er war unser bester Kamerad. Wir werden die Bestätigung dieser traurigen Nachricht bei unserem Freund Rex Manherbe suchen, dem Zahnarzt des Lagers, der ihm in seinen letzten Momenten beigestanden hat. Armer Auguste, armer großer Freund, der die Befreiung mit einer fieberhaften Ungeduld erwartet hat, die man so unter uns bei niemand anderem antrifft.

Trotzdem, Gott allein weiß, ob wir ein wenig zu spät darauf hoffen! Seine Gefangenschaft, die Kette von Unglücksfällen und Entbehrungen waren ihm unerträglich geworden. Als er seine unermüdlichen Träume vom Glück nicht in Erfüllung gehen sah, als ihm das Warten vergeblich schien und seine Moral durch finstere Vorahnungen getrübt wurde, da betrachtete er die Freiheit definitiv als verloren und trank aus dem schwärzesten Kelch. Von jeglichem Mut

Stöcken, 12.3.1945. Rex Manherbe, der »Zahnarzt« des Lagers (Häftlingsnummer 34908)

verlassen und gesundheitlich angeschlagen, hat er mehrere Reisen ins *Revier* unternommen. Heute Morgen hat er die weiteste von allen getan. Das ist noch etwas, das zu erhellen ist von dem tiefen Geheimnis, das uns allen, gerade uns armen Menschen hier, zu denken gibt.

Vielleicht hätte er es vorgezogen, so spät wie möglich erhellt zu werden, armer, großer Freund, der nicht mehr warten wollte!

1. März

Durch die Bombardierung der Stadt sind erneut die Leitungsnetze abgeschnitten worden. Wieder sind wir in der Fabrik arbeitslos. Wir werden zu unterschiedlichen Sonderdiensten abgestellt, in diesem Fall zum »Kartoffelschälen«. Der Deutsche Willy, ein niederträchtiger, brutaler Mensch, überwacht uns. Wenn er uns rohe Kartoffeln oder Stücke von Steckrüben essen sieht – wozu uns der Hunger verführt! –, schlägt er uns nieder, aus Furcht, dass für ihn nichts mehr übrigbleibt. Vor wenigen Tagen hat er fünfundzwanzig Stockschläge an jeden einzelnen Sklavenarbeiter verteilt, weil er sie hat kauen sehen. Palmier und Le Vetto waren unter seinen Opfern.

Es tut weh, sie so zu sehen, einen Tag zum Fürchten abgemagert, am nächsten Tag schrecklich aufgedunsen – wahrscheinlich durch Ödeme. Das Gleiche passiert mit Paul Gilbertas, mit Stéphane, mit fast allen. Jedes Mal nach dem Frondienst nimmt Willy eine Durchsuchung vor. Er versetzt allen gewaltsame Fußtritte in den Bauch, bei denen er etwas findet, und seien es nur Kartoffelschalen. Es ist empörend, ihn so leidenschaftlich auf die traurigen Wracks eindreschen zu sehen, zu denen wir geworden sind. Die Kartoffelschalen sind sehr begehrt. Wenn wir es schaffen, etwas davon zu erlangen, kochen wir sie in der Fabrik, auf unseren Öfen im Essgeschirr. Dann essen wir sie heimlich, weil es uns verboten ist, in der Fabrik zu essen. Es ist vielleicht nicht sehr gut für die Gesundheit, aber es füllt den Magen.

2. März

Deutschland muss die Jahreszeiten geschaffen haben. Ich erinnere mich nicht, anderswo eine derartig exakte Abfolge gesehen zu haben. Schon am 1. März folgen Regenschauer und Sonnenstrahlen aufeinander. Heute vermischt sich der Wind mit Schnee und Regen. Unser Frondienst besteht darin, mit einem Lastwagen loszuziehen, um Abfälle in der Nähe der kleinen Wälder auszukippen, die unser Lager einsäumen. Dieser verdammte Wind lähmt uns, durchbohrt uns, und der Regen hat es leicht, unsere dünne Stoffkleidung zu durchdringen. Willy kommandiert den Dienst mit seiner gewohnten Brutalität. Der Wind, die Regenfälle und das Rauschen der Bäume, die der Sturm peitscht, erinnern mich an einen sintflutartigen Regen vor mehreren Jahren im Lager La Courtine.[47] Dort hatten wir Zelte und dichte Kleidung. Hier, unter dem deutschen Himmel, ist die Temperatur eisiger ...

[47] Anfang des 20. Jahrhunderts eingerichtetes großes französisches Militärlager im Zentralmassiv, 1942-44 von der Wehrmacht besetzt (Anm. d. Übers.).

8. März

Philipsen ist tot, Champion ist tot, Stéphane ist tot. Sie sterben alle, während sie weiter ihren Traum von Freiheit träumen. Wann endet die Totenliste?

Gestern habe ich im Hof des Reviers die Körper der vor kurzem Verstorbenen gesehen – in Säcke eingewickelt, als ob man sie zum Transport nach Hannover vorbereitet, um sie einzuäschern. Es waren sehr viele, in zwei Reihen aufgereiht. Die ältesten unter ihnen waren vor zwei Wochen verstorben. Auguste Decaëns war vermutlich dabei. Ich war traurig, als ich an ihn dachte. In der Erinnerung sah ich ihn wieder in Neuengamme vor mir, damals noch voller Kräfte und Hoffnung. Ich sah ihn in der Anfangszeit in Stöcken, als er noch hoffte, und ich habe ihn als Kranken gesehen, mit fiebrigen Augen, als er nicht mehr glaubte. Und jetzt ... Adieu, mein armer lieber Freund.

In diesem Moment verkündet man den Tod von Grand Jacques, einem sehr sanften und sehr ruhigen Korsen. Er ist vor wenigen Augenblicken gestorben. Kameraden, die vom Sonderdienst zurückkommen, erzählen uns davon. Er sollte Erdarbeiten ausführen, die er um ein Uhr krank verlassen hat. Er hatte bei der Arbeit – dem eisigen Wind ausgesetzt, der seit einigen Tagen bläst – um die Erlaubnis gebeten, sich am Kohlebecken aufzuwärmen, das von Soldaten aufgestellt worden war. Dieser Gefallen wurde ihm verwehrt. Bald darauf brach er zusammen. Sie ließen ihn an Ort und Stelle liegen, niemand kümmerte sich um ihn. Am Ende des Sonderdienstes holten ihn zwei Kameraden zurück in das Lager. Er starb in ihren Armen.

Am Vortag war ein ausländischer Gefangener unter den gleichen Umständen umgekommen.

16. März

In der Nacht ist Martin,[48] ein deutscher Aufseher – ein Leichtsinniger, der uns manchmal mit einer Eisenstange verfolgt – aus unbekanntem Grund über Jean den Basken hergefallen. Mit aufgedunsenem

[48] Der »Stubendienst«, vermutlich der Stubenälteste (Anm. d. Übers.)

und angeschwollenem Gesicht, beide Augen komplett verschlossen, ist Letzterer im Krankenrevier aufgenommen worden.

Fast jeden Morgen wohnt die »*Frühschicht*« in der Fabrik einem Trauerspiel bei. Sie sieht, wie aus einer finsteren Ecke ein oder zwei leblose Männer von der Nachtschicht auf dem Rücken mitgenommen werden. Heute Morgen sind wir wieder Zeugen eines derartigen Spektakels. Ein Gefangener, der vor Entkräftung nachts umgefallen ist, wird von unserer Schicht in das Lager zurückgetragen. Wir versuchen, ihn zum Laufen zu bringen, aber wir schaffen es nicht. Der Unglückliche hat das Bewusstsein verloren. Drei Männer laden ihn auf ihre Schultern. Wir bewegen uns langsam hinter ihnen her. Man könnte von einem Trauerzug sprechen.

Die Einschränkungen gehen weiter. Wir halten uns nur mit großer Mühe und vor allem mit Willenskraft aufrecht.

Wir wollen durchhalten und klammern uns daran fest. Es ist etwas Verzweifeltes in unserem Kampf. Wir verfallen jeden Tag mehr und müssen täglich an unsere Energiereserven appellieren, die auch versiegen. Eine Ernährung, die nicht einmal für achtjährige Kinder ausreichen würde, soll jungen Männern oder Männern in den besten Jahren genügen, die allen Unbilden des Wetters ausgesetzt sind und harte Arbeit leisten, die krank und ohne Pflege sind. Stürze kommen häufig vor und im *Revier* steigt die Sterblichkeit in besorgniserregendem Maße. Die moralische Kraft spielt eine Rolle, die man sich normalerweise nicht vorstellen kann.

Pech für den, der des Kämpfens müde ist und sich aufgibt. Er schaufelt sich selbst sein Grab. Die Stockschläge werden nicht weniger. Johnny wird immer nervöser und herrischer. Dieser »Berliner Apache« kann nur noch um sich schlagen. Gustav indes scheint sich zu beruhigen. Er hat wohl Angst vor einer möglichen und baldigen Bestrafung. Hat er nicht erst zu unserem Dolmetscher Colin gesagt: »In zwei Monaten werden die Amerikaner den Krieg gewonnen haben. Sag deinen Kameraden, sie sollen sich sauber halten und den Block nicht schmutzig machen. Sie müssen in gutem Zustand sein, wenn sie ankommen.« Beinahe hätte er hinzugefügt: »Sie werden sehen, wie gut man euch gepflegt hat.« Gustav will uns ohne Zweifel zu verstehen geben, dass das, was er uns angetan hat, nichts ist verglichen mit dem, was er hätte tun können.

Gestern langer Alarm und Bombardierung der Rangierbahnhöfe und der Munitionszüge. Jup, derzeit Leiter von Block 3 und der einzige sympathische Deutsche, hält uns, soweit es ihm möglich ist, über die militärischen Ereignisse auf dem Laufenden, und das ist nicht immer einfach.

Leo, der Tscheche, hat mich überrascht, als ich gerade eine Karte von Deutschland zeichnete. Er zählt sich selbst zur germanischen Nationalität. Ich weiß, dass er sich sehr gut mit Gustav versteht. Er hat mir gedroht, mich zu verraten und mich ins »*Krematorium*« zu schicken. Also habe ich ihm gesagt: »Wenn du mich verrätst, werden meine Kameraden dich bei der Befreiung aufhängen.« »Bei der Befreiung!«, rief er, »da werdet ihr aber alle tot sein, denn die SS wird euch alle getötet haben«.

Jedoch wird er nichts sagen, so feige, wie ich ihn erlebt habe.

Heute steht es für uns so gut wie fest, dass der Rhein von den Angelsachsen überschritten wird, und die Eroberung der Städte Stettin und Frankfurt an der Oder durch die Russen ist nahezu amtlich.

Tagsüber hat es dreimal Alarm gegeben. Unzählige fliegende Festungen haben den Himmel durchfurcht. Wir haben sie in der Sonne leuchten und in alle Richtungen fliegen sehen. Um 21 Uhr hört man Flugzeuge über dem Block brummen. Wir können die aufeinanderfolgenden Wellen zählen.

Stöcken, 7.1.1945. Marcel Palmier, Häftlingsnummer 33216, verstorben in Stöcken am 22.3.1945

19. März

Im *Revier* sind gestorben: Pradier, Jean der Baske, der Bretone, der kleine Marcel (aus Nîmes) etc.

Das macht zwanzig in drei Tagen.

Heute Morgen wurden wir wegen schlecht gemachter Betten alle den Schlagstöcken ausgesetzt (fünfzehn Schläge für jeden). Die Kapos haben sich abgewechselt!

Stöcken, 23.2.1945. Marcel Chichéry (Remy, Häftlingsnummer 34969), verschwunden im April 1945

31. März

Das Sterben hört nicht auf. Am 22. Palmier, am 24. Le Vetto, am 26. Marchand.

Ist das der Wettlauf zum Tod? Werden wir alle, einer nach dem anderen, dahingehen, oder werden die Engländer und Amerikaner vorher eintreffen? Was die Engländer betrifft, so sollen sie 80 Kilometer von hier entfernt sein. Ist es möglich, dass Hannover in einigen Tagen erobert wird? Im Block frohlocken alle Gefangenen, aber wir wagen nicht ganz, daran zu glauben. Jup rät uns, ruhig zu bleiben und unsere Freude nicht vor der SS zu zeigen – das wäre gefährlich.

Letzten Sonntag wurde Hannover sehr schwer bombardiert. Der Himmel war von einem schwarzen Rauchschleier verdunkelt. Donnerstag: noch schrecklicheres Bombardement als Sonntag. Bahnhöfe und Brücken werden zerstört. Der Block bebt gegenwärtig jeden Tag mehrere Male. Heute hat ein Lette in der Fabrik eine Flasche Schnaps von einem zivilen Meister gestohlen und sie dann ausgetrunken. Sie bringen ihn zurück, vollkommen betrunken.

Der Leichtsinnige bezahlt für seinen Diebstahl. Er stirbt in der Nacht.

2. April

Der Block ist in Aufruhr. Wir reden über eine mögliche Evakuierung und Abreise. Die Engländer sollen sechsundzwanzig Kilometer von hier entfernt sein.

Serra ist vom *Revier* zurückgekehrt. Politi wird sterben.

Im Hof brennt das Archiv des Lagers.

Stöcken, 2.2.1945, das Ausgangstor des Lagers

4. Von Stöcken nach Bergen-Belsen

Das Gehen ist angenehm. Die Sonne scheint und die Temperatur ist mild. Hinter uns verschwinden die letzten Gebäude der AFA. Wir haben das Stöckener Lager mit allen Kranken auf der Krankenstation und all denjenigen zurückgelassen, die erklären, dass sie keinen langen Weg zu Fuß gehen können. Letztere sind nur wenige. Um das Recht auf diese Begünstigung zu erhalten, darf der Aufenthalt im *Revier* nur kurze Zeit zurückliegen. Natürlich beneiden wir sie. Ich denke an meinen Kameraden Chichery.[49] Ich hätte es vorgezogen, genau wie er in Stöcken auf die Angloamerikaner zu warten, weil sich durch unsere Evakuierung unsere Befreiung nun unweigerlich um ein paar Tage verzögern wird. Nun, schließlich sind wir nicht die Herren unseres Schicksals ...

Die lange Kolonne der »Gestreiften« defiliert entlang der *»Autostrade«*. Wohin gehen wir? Wie viele Tage werden wir auf den Straßen entlang marschieren? Wir wissen es nicht, aber in der reinen Luft und der abwechslungsreichen Landschaft fühlen wir uns wie neugeboren. Und vor allem spüren wir, dass unsere Gefangenschaft eindeutig zu Ende geht. Die Deutschen können uns in die entferntesten Winkel ihres noch unbesetzten Gebiets bringen, aber sie können den Zusammenschluss der russischen und britischen Armeen nicht verhindern. Dieses Ereignis, das unsere Ketten brechen wird, ist nicht mehr aufzuhalten. Die Hoffnung darauf verzehnfacht unsere Energie, und wir werden bis an die äußersten Grenzen unserer Kräfte gehen, weil es ein Gerücht gibt, dass die Soldaten alle erschießen, die dem Konvoi nicht folgen können. Wir werden das Ziel erreichen, es ist nicht die Zeit aufzugeben.

Wir umgehen Hannover und seine Vorstädte. Die Stadt hat schrecklich gelitten. Kein Haus wurde verschont. Bombenopfer, die in den Feldern lagern, beobachten uns mit Neugier. Diese Leute haben ruhige, resignierte Gesichter; sie sehen aus, als würden sie ohne Schrecken die Aussicht auf die Niederlage, und vielleicht das Ende, akzeptieren. Nicht weit von hier wird noch gekämpft. Die Artillerie donnert, wir hören deutlich die Kanonen. Dichte Rauchwolken steigen am

[49] Von Marcel Chichéry (https://maitron.fr/spip.php?article179983, Notiz zu CHICHÉRY Marcel, Louis, René [Pseudonym »Rémy«] von Alain Dalançon, online gestellt am 19.4.2016, letzte Aktualisierung 13.7.2017) stammt Baumers Portrait auf der hinteren Umschlagseite, s.a. René Baumers Zeichnung auf S. 87 u.) (Anm. d. Übers.).

Horizont auf, am Himmel verschärft sich der Luftkampf. Zahlreiche Flugzeuge überfliegen uns.

Eugène und Marius, meine beiden treuen Freunde, sind an meiner Seite. Seit dem Beginn des Marsches erzählen sie mir unermüdlich von ihrer Heimat, der Normandie, die sie von ganzem Herzen lieben. Eugène singt: »Quand tout renaît à l'espérance«.[50]

»Du wirst uns besuchen«, sagen sie, »wenn die Apfelbäume in Blüte stehen? Dann wirst du sehen, wie schön unser Land ist, und dir unseren Cidre schmecken lassen.« Projekte über Projekte werden geplant. Unsere Seele ist von Freiheit erfüllt.

Eugène ist von einer ansteckenden Fröhlichkeit erfüllt. Seine Ausstrahlung eines Gassenjungen[51] – er wurde in der frühen Kindheit in Paris aufgezogen, blieb dabei immer ganz der Normanne –, seine geistreiche Schlagfertigkeit und seine Ironie amüsieren uns. Vor einer Ruine bricht er in Gelächter aus: »Ich weiß nicht, ob es hier eine Bombardierung gab, jedenfalls sieht das täuschend echt aus.« Er redet unaufhörlich, spricht auf Französisch die Deutschen an, die uns begegnen, lacht aus vollem Hals, bläht seine Lungen wie ein Städter, der einen Landausflug macht. Und doch haben die Härten unseres Daseins große Schäden bei ihm angerichtet. Die Gesichtsknochen ragen heraus, seine Kleidung schlottert an seinem ausgemergelten Körper. Seine Gesundheit lässt zu wünschen übrig. Anhaltender Durchfall schwächt ihn und zwingt ihn oft, am Straßenrand anzuhalten. Allein seine stählerne Moral ist intakt. Wenn eine Kanone grollt, begleitet er sie mit seinem »bumm, bumm, sie kommen, sie sind da!«

Marius ist weniger mitteilsam. Mit Sorgenfalten und gesenktem Kopf marschiert er, die Miene unruhig. Er denkt an seine Frau und seine Tochter.

»Du wirst sie wiedersehen«, sagt Eugène zu ihm. »Sieh mal, später werden deine Tochter und mein Sohn heiraten. Beide sind aus guten Familien und von gleicher Art. Ihre Väter haben denselben Aufenthalt auf der Galeere durchgemacht!«

Marius lächelt, ohne zu antworten. Er wird gleich aufgeheitert werden, wenn sich das Gespräch wieder um die Normandie dreht.

Wir gehen gen Norden und durchqueren Dörfer, deren Eigenart darin besteht, dass die meisten Häuser leuchtend rote Dächer und grüne Fensterläden haben. Auf lange Sicht ist dieser Anblick eintönig. In den letzten neun Monaten waren wir nur den Weg zwischen dem Stacheldraht von der Fabrik zum Lager und wieder zurück zum Lager gewöhnt.

[50] Etwa: Wenn alles neue Hoffnung schöpft. Lied: »Ma Normandie«, halboffizielle Nationalhymne der Normandie (Anm. d. Übers.).

[51] Im Original »Gavroche«-Aussehen, nach der gleichnamigen Figur in Victor Hugos Roman »Die Elenden«, die zum Synonym für Straßenkinder wurde (Anm. d. Übers.).

[52] Keiner der in Stöcken zurückgebliebenen Gefangenen ist in sein Heimatland zurückgekehrt. Sie wurden vermutlich durch die Deutschen getötet.

[53] Fuhrberg (Anm. d. Übers.)

Hier gibt es keinen Stacheldraht. Es ist schon ein Bild dessen, was wir verloren haben und was wir bald wiederfinden wollen.

Soldaten und Kapos bilden die Polizei auf dem Marsch. Zu unserem großen Erstaunen sind sie nicht besonders wild.

Am Nachmittag gibt es ein paar Schwächeanfälle, aber keinen Abbruch des Marsches. Die Bedrohung durch die Revolver der SS, auch wenn sie mehr Phantasie ist als Realität, veranlasst uns durchzuhalten.

Jeannot der Friseur und Daniel schließen sich uns an, um zu erzählen, dass ihr Freund Zay am Vortag im Stöckener Revier verstorben ist. Apropos Stöcken: Es geht das Gerücht, dass heute Morgen die AFA-Fabrik und die Kontinental (Gummifabrik) bombardiert worden seien. Bomben seien auf das Lager gefallen und einer der Blocks sei zerstört worden. Ich denke an Chichery und meine Kameraden, die dort zurückgeblieben sind und die wir beneideten. Ihr Schicksal scheint uns jetzt weniger beneidenswert zu sein. Wir wären bereit, sie zu bemitleiden, wenn wir genau wüssten, dass die Information glaubwürdig ist. Doch nach allem, was wir gehört haben, sind wir vorsichtig geworden. Uns wurden so viele falsche Berichte überbracht, gute oder schlechte, dass wir ungläubig geworden sind. Wir glauben an gar nichts mehr.[52]

Auf dem Weg begegnen wir anderen Konvois von politischen Gefangenen. Es sind Männer und Frauen, deren Lager mit Begründungen evakuiert wurden, die so absurd sind wie diejenigen, die unserem Abmarsch zugrunde liegen. Im Vorbeigehen schaffen wir es, trotz des offiziellen Verbots der Soldaten und Kapos, ein paar Worte auszutauschen. Unglücklicherweise verhallen die Antworten auf die wechselseitigen Fragen allzu oft ungehört.

Am Ende des Tages machen wir Halt in einem Dorf.[53] Die Etappe ist beendet. Wir haben, scheint es, 33 Kilometer geschafft. In beschlagnahmten

Stöcken, 25.1.1945. Jean Vandelli, »Jeannot der Frisör von Block 4« (Häftlingsnummer 33488)

Stöcken, 5.3.1945. Joseph Sammatei, genannt Zay (Häftlingsnummer 33845), verstorben in Stöcken am 6.4.1945

Scheunen nehmen wir Platz, um dort zu schlafen, aber wir sind zu viele und werden aufeinander gestoßen. Es ist eine besonders unangenehme Nacht.

Diejenigen, die sich hinten oder in der Mitte der Scheune befinden, können im Bedarfsfall nicht hinausgehen. Einige, die es nicht aushalten können, urinieren in ihren Blechnapf. Wenn sie den dann nicht festhalten können, ohne zu riskieren, ihn umzustoßen, greifen sie auf ein Mittel zurück, das Lachen oder Missbilligung hervorrufen würde, wenn unsere Lage nicht so traurig wäre. Sie werfen den Inhalt ihrer Essschüssel mit einer kreisförmigen Geste in die Luft, um zu verhindern, dass er als Regen fällt und die durchnässt, die zufällig darunter liegen. Ein zufriedenes Knurren ertönt von überall her im Dunkeln, ohne das System aufzugeben, das, obgleich genial – angesichts der Tatsache, dass man sich nicht bewegen kann – nicht verhindert, dass manche reichlich bewässert werden. Als einer dieser Unglücklichen ziehe ich es vor, meine Decke für den Rest der Nacht über mein Gesicht zu ziehen. Soweit sind wir zivilisierten Menschen also gekommen, und das ist noch nicht alles! Der Durchfall verbreitet sich überall. Er ist schlimmer als der Strahl in der Schüssel, aber das ist hier nicht von Interesse.

Am nächsten Tag, die Decken über die Schultern gelegt, stellen wir uns in Reihen auf, bereit für den zweiten Tag auf diesem Marsch ins Blaue. Man erzählt uns, dass diese Etappe die letzte sein wird, dass sie kürzer sein wird als die des Vortages. Es heißt aber auch, dass es noch zwei Etappen gibt, vielleicht sogar drei. Es heißt, dass wir nach Lüneburg oder Hamburg gehen werden. Es heißt ..., was weiß ich noch? ... Alles außer der Wahrheit, weil wir sie nicht kennen.

Die Freude hat unsere Herzen verlassen. Marius und ich sind verstimmt, Eugène geht es nicht gut. Der Durchfall lässt ihm keine Pause, er ist ganz zerschlagen. Die Anstrengungen des Vortags haben ihn zermürbt. Marius wiederum spürt noch die Müdigkeit der ersten Etappe, er ist nicht mehr sehr frisch.

Beim Signal zum Aufbruch gehen wir alle weiter. Eugène klammert sich an meinen Arm. Er entschuldigt sich, seine steifen Beine tun weh, er kommt kaum voran. Seine Gesichtszüge verkrampfen sich und seine Augen sind voller Angst. Seine gute Stimmung von gestern ist verschwunden. Jacques der Philosoph geht an seine linke Seite, um mir dabei zu helfen, ihn ins Schlepptau zu nehmen. Eine Stunde später haben sich seine Muskeln erwärmt, Eugène scheint es besser zu gehen. Er fängt wieder an, ein wenig zu scherzen, erzählt von seiner Frau, von seinem Sohn und macht viele Projekte. Es versteht sich, dass wir uns alle drei nach dem Krieg in der Normandie wiedertreffen und zum Mont-Saint-Michel gehen, um das Omelette im Gasthaus der Mutter Poulard zu kosten. Also lasst uns neues Vertrauen fassen. Leider hat Eugène wieder einen Schwächeanfall! Ein paar Kilometer lang tun wir unser Bestes, damit ihm das Weitergehen erleichtert wird, aber trotz all unserer Bemühungen sind wir nicht in der Lage, das Unglück aufzuhalten. *Eugènes* Verfassung verschlechtert sich auf besorgniserregende Weise.

Stöcken, 15.2.1945. Jacques Liddell, der »Philosoph« (Häftlingsnummer 34862), vermutlich verstorben in Bergen-Belsen am 13.4.1945

Am Nachmittag kommt Jup zu uns und sagt, dass wir nur noch vier Kilometer laufen müssen. Er zeigt mit seinen Fingern auf ein kleines Dorf, das in der Ferne aus den Feldern hervorschaut und das Ziel der heutigen Etappe sein soll. Eugène versteift sich. Wir bemerken, dass er alles, was ihm an Energie und Kraft bleibt, zusammennimmt. Er versichert uns, dass er bis zum Ende durchhalten wird. In diesem tragischen Moment kann ich nicht umhin, diesen bemerkenswerten kleinen Kerl zu bewundern, dessen Mut und moralische Stärke alle Grenzen überschreiten.

Mehrere unserer erschöpften Kameraden sind schon auf die staubige Straße gefallen, um nicht wieder aufzustehen. Wenn einer auf den Boden fällt, flüstert Eugène: »Noch einer ..., aber ich werde durchhalten.« Doch leider, am Dorfeingang gesteht er uns, mit zitternder Stimme, dass er nicht mehr weiter kann.

»Lasst mich«, sagt er, »ich bin fertig«.

Er stolpert. Wir stützen ihn noch mehr, indem wir ihn unterhaken. Plötzlich gleitet er uns aus den Armen und kollabiert. Wir richten ihn auf. Seine Knie knicken weg und seine Augen fallen zu. Er kann nicht mehr, weder sprechen noch gehen. Was tun? Ich denke, dass es bis zum endgültigen Halt nicht mehr weit ist. Also bücke ich mich und lade ihn auf meinen Rücken. Ich weiß, wenn ich an seiner Stelle wäre, würde Eugène das Gleiche für mich tun. Ist es dann nicht selbstverständlich, es für ihn zu tun? Nach ungefähr 500 Metern betreten wir das Dorf. Ein Pfiff: Wir halten an. Ich nutze die Gelegenheit, um meinen armen Kameraden auf eine Bank zu setzen, die glücklicherweise nur ein paar Schritte entfernt ist. Ein Zivilist kommt, um seinen Puls zu fühlen. Dieser Mann muss ein Arzt sein. Er erzählt uns, dass sein Puls schwach, aber regelmäßig schlägt. Schlimm ist vor allem seine große Müdigkeit.

Jup, der ehemalige Chef von Block 3, kommt bei uns vorbei. Er flüstert mir ins Ohr, dass die Angloamerikaner in Celle seien, also ungefähr 15 Kilometer von uns entfernt. Bei dieser Ankündigung hüpft Marius vor Freude. »Aber«, fährt der Deutsche fort, »der Kommandant befiehlt, den Marsch fortzusetzen«.

Wir sind niedergeschmettert. Was sollen wir mit unserem unglücklichen Freund tun? Die Kolonne setzt sich in Bewegung. Ich will immer noch versuchen, diesen tapferen Kerl zu retten. Unterstützt von Jup und Marius, dem ich meine Decken übergebe, lege ich Eugène auf meine Schulter und nehme meinen Platz in den Reihen ein. Das Dorf ist langgestreckt. Viele Offiziere und Soldaten kommen und gehen, mit ihren Revolvern in der Faust. Diese Aufregung ist der sicherste Hinweis auf die Nähe der Alliierten. An der Zufahrt zu einer Brücke wird eine Lagerstätte ausgehoben. Ein Soldat des Konvois befiehlt mir, meinen Kameraden an der Wand eines Hauses abzulegen. Er gibt mir zu verstehen, dass es nutzlos ist, ihn weiter zu tragen, denn ich verliere vermutlich meine Kräfte, wenn ich so weitermache. Tatsächlich habe ich meine Kräfte schon überschätzt, ich kann ihn nicht mehr tragen. Es bricht mir das Herz, ich lege Eugène auf den Boden und lehne seinen Rücken an die Wand. Marius legt seine Decken daneben. Ich gebe einer Frau, die uns von ihrer Türschwelle aus zusieht, ein Zeichen, damit sie auf den unglücklichen Normannen aufpasst. Sie nickt mir zu. Eugène, mit glasigen Augen wie ausgelöscht, scheint uns nicht mehr zu sehen. Wir geben ihm die Hand, um uns zu verabschieden. Er reagiert nicht, er kann nicht mehr. Von den Soldaten angetrieben, müssen wir uns wieder an die Kolonne anschließen.

Marius weint. »Armer Junge ..., armer Junge«, wiederholt er immer wieder.

Ich erinnere ihn daran, dass die Engländer sehr nahe sind, dass Eugène gute Chancen hat, noch vor uns von ihnen befreit zu werden. In der Zwischenzeit wird er wahrscheinlich in Obhut genommen werden. Dann lasse ich ihn leise schluchzen. Schließlich erkläre ich ihm, dass es bei aller berechtigten Trauer nicht der Moment ist, Tränen zu vergießen oder sich in Verzweiflung zu stürzen. Nur wir beide sind noch übrig, wir müssen jetzt durchhalten.

Hinter der Brücke hören wir das Geschützfeuer nicht mehr. Wenige Kilometer weiter hält der Konvoi am Rand eines großen Waldes.

Es gibt eine Pause. Marius und ich setzen uns ins Gras, als ein Mitgefangener zu uns kommt und sagt, dass Eugène ganz in der Nähe ist und uns sehen will. Diese Nachricht trifft mich wie ein Keulenschlag. Eugène, ist es möglich? Was ist passiert? Ich rutsche die Böschung hinab und sehe ihn tatsächlich im Gras sitzen. Mit seiner schiefen Kappe und der schlaffen Gesichtshaut sieht er aus wie eine kleine alte Dame. Wie viel lieber würde ich ihn in einem gastlichen Haus im Dorf wissen, anstatt hier, in diesem dunklen und einsamen Wald mitten in der Landschaft!

Stöcken, 18.2.1945. Wenzel Silha, der tschechische Arzt (Häftlingsnummer 3946), verstorben in Bergen-Belsen im Mai 1945

Was sollen wir jetzt mit ihm machen? Wir gehen zu ihm. Er betrachtet uns mit seinen blassgrünen Augen. Ich werde seinen glücklichen Gesichtsausdruck nie vergessen. Er nimmt meinen Arm, drückt ihn überschwänglich. Mit bebender Stimme erklärt er uns, dass es Soldaten am Ende der Kolonne waren, die befahlen, ihn hochzuheben und auf das Gepäck der Kapos in einen Handwagen zu hieven, der abwechselnd von Gefangenen gezogen wird.

Er versichert, dass es ihm gut geht. Ich kann es nicht glauben. Er bietet ein Bild vollkommener Erschöpfung. Seine Hände zittern, sein Blick ist verstört. Ich habe den Eindruck, dass er verloren ist und dabei selbst nicht mehr begreift, in welcher Verfassung er wirklich ist.

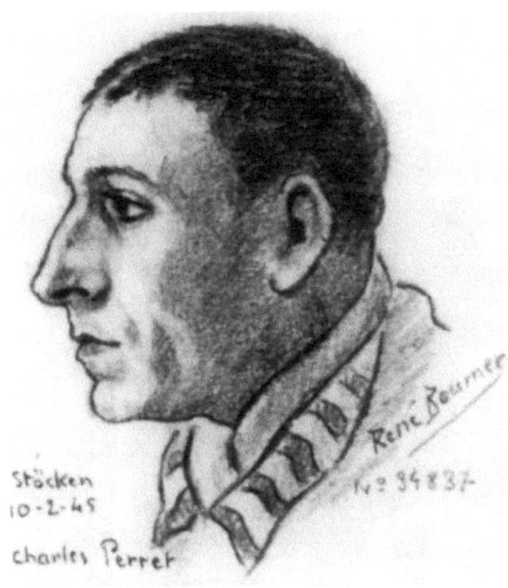

Stöcken, 10.2.1945. Charles Perret (Häftlingsnummer 34837)

Der Aufbruch naht. Da er nicht aufstehen kann, müssen wir ihn wieder auf die Beine stellen. Ach, er kann nicht alleine stehen. Seine Knie zittern, er fällt hin. Die Verzweiflung schnürt uns die Kehle zu. Warum hat man ihn nicht im Dorf gelassen, wo eine hilfsbereite Seele sich seiner angenommen hätte? Ich wage es nicht, meinen Gedanken auf den Grund zu gehen. Ich fürchte, dass seine Mitnahme vom Dorf zum Wald seitens der SS nicht ohne Grund geschehen ist.

Da der tschechische Doktor aus Stöcken in der Nähe ist, bitte ich ihn, bei den Männern, die den Wagen ziehen, zu intervenieren, damit sie ihn wieder mitnehmen. Er macht eine verzweifelte Geste. Er kann nicht. Er hat keinerlei Macht, die Soldaten sind dagegen. Eugène muss im Graben zurückbleiben. Einer unserer Wächter erzählt uns, dass ein Sanitätswagen uns folgt, um die Kranken aufzulesen und sie in ein Krankenhaus zu transportieren. Wir sind ein wenig beruhigt.

Eugène liegt auf der Seite, ganz zusammengerollt. Seine Decken wurden ihm gestohlen. Marius und ich geben ihm jeder eine von uns. Für diese Nacht wird es uns genügen, wenn wir uns fest aneinanderdrücken. Nachdem wir ihn gut zugedeckt und ihm Mut zugesprochen haben, sind wir gezwungen, ihn zurückzulassen, wie auch einige andere, die ebenfalls vor Entkräftung zurückbleiben.

Auf dem Weg versuche ich, selbst immer verzweifelter, Marius zu überzeugen, dass Eugène nicht frieren wird, wenn er die Nacht hier verbringen muss, und dass er bald gerettet wird, entweder mit dem Krankenwagen oder durch die alliierten Truppen.

Endlose Kilometer reihen sich aneinander. Die Straße erstreckt sich zwischen braunen Waldstreifen. Am Ende der Nacht kommen wir bei einem Lager an, das enorme Ausmaße zu haben scheint. Wir sollen anhalten. Ein Unteroffizier der SS gibt Anweisungen an Soldaten der *Wehrmacht*. Er übergibt dem *Feldwebel* eine Liste, als ob er ihm die Verantwortung für den Konvoi überlässt. Währenddessen versammeln wir uns mit den Freunden, um ein wenig zu reden und vor allem, um nicht getrennt zu werden. Es sind Alain Bouchard, die beiden Brüder Perret, Jacky der Türke, Paul Mariot, Jacques der Philosoph, Marius Chassaigne, Philippe de Lépiney und Jean Daroux. Wir alle klagen über unsere Füße, die von den Holzschuhen aufgerieben wurden. Irgendwann zupft mich jemand am Ärmel. Ich drehe mich um. Es ist Gustav! Er zieht mich zu sich, um mir auf Deutsch zu sagen: »*Dein Kamerad ist tot.*«

Ich tue, als ob ich ihn nicht verstehe. Er wiederholt seine Aussage. Ich bitte ihn um eine Erklärung. Er versichert mir, dass die SS Eugène mit einer Kugel in den Nacken getötet hat. Als ich daran zweifele, ruft er einen anderen Deutschen, den ehemaligen offiziellen Friseur von Block 2, und sagt dann zu mir: »Das ist der Mann, der das Loch gegraben hat, in dem er begraben wurde, er und noch drei andere.«

Der Deutsche bestätigt mir Gustavs Worte.

Sagen diese beiden Deutschen die Wahrheit? Oder bereitet es ihnen eine Art Schadenfreude, uns so etwas vorzulügen?

Ich kenne Gustav und weiß, wozu er fähig ist. Trotzdem machen mir seine Worte zu schaffen.[54]

Es ist tiefe Nacht, als man uns zwischen den Blöcken herumgeistern lässt. Das Lager ist mit Häftlingen überfüllt, unzählige Konvois

[54] Mein Kamerad ist niemals in seine Heimat zurückgekehrt.

sind den ganzen Tag über aus allen Richtungen dort angekommen, und immer noch treffen weitere ein.

Im Halbdunkel vermischen sich die Konvois. Marius, Le Tard, Rossignol, Jacky der Türke, der Karikaturist Covin und ich nehmen uns an die Hand, um nicht voneinander getrennt zu werden. Wir werden zufällig in einen überfüllten Block gestoßen, wo es weder Betten noch Licht gibt, nicht einmal einen Platz auf dem Fußboden. Von überallher stößt man uns mit Fußtritten gegen die Beine. Ein ekelhafter, beißender Geruch breitet sich aus. Aufrecht stehend gegeneinandergedrückt, stolpern wir über ausgestreckte Körper. Wir fühlen Hände, die über unsere Brust streifen und dann empörend ungeniert unsere Taschen durchwühlen. Es sind Polen, wahrscheinlich Schurken, die uns in der Hoffnung durchsuchen, ein Stück Brot zu finden, bereit, uns totzuschlagen, wenn wir uns wehren. Aber da wir nichts haben ... Da es allerorten zu Schlägereien kommt, ziehen viele es vor, unter dem schönen Sternenhimmel zu schlafen.

Marius, Rossignol und mir gelingt es endlich, uns hinzusetzen, indem wir einige Schläfer zur Seite drücken. Es ist so unangenehm, wir können nicht schlafen und versuchen uns auszustrecken. Die Mühe ist vergebens, jedes Mal werden unsere Köpfe von Füßen gestoßen.

5. Bergen-Belsen – Lager der Hoffnungslosigkeit

Es ist drei Uhr morgens, als ein Pfiff uns verkündet, dass es Zeit ist aufzustehen. Man stößt uns nach draußen, in die Nacht, wo es kalt und feucht ist. Wir ziehen unsere Decken über den Kopf und bedecken unsere fröstelnden Körper damit. So warten wir bis Tagesanbruch. Alle Sprachen begegnen einander, es scheinen alle Nationalitäten hier vertreten zu sein. Im Morgengrauen lässt man uns in Fünferreihen aufstellen. Personen, die Kapos ähneln – gekleidet in zivile Lumpen mit einem gelben Kreuz auf dem Rücken (wie in Neuengamme), Polen oder Russen, jedenfalls zum überwiegenden Teil Israeliten –, zählen uns wieder und wieder, und weil sie offenbar nie auf dieselbe Anzahl kommen, hören sie angesichts der Unordnung, die trotz der Knüppelhiebe herrscht, damit auf und lassen uns in Ruhe. Als der Tag angebrochen ist, finden sich die Franzosen zusammen, während die Kapos alle Gefangenen deutscher Nationalität aufrufen und versammeln, um sie zu anderen Gebäuden zu führen. Wir sehen, wie alle unsere Kapos und Blockchefs aus Stöcken, ordentlich in einer geraden Linie aufgestellt, weggehen. Wir werden sie nicht mehr wiedersehen. Dann erfragen wir den Namen des Lagers.

»Belsen«, bekommen wir zur Antwort, »betet darum, nicht hierzubleiben!«

Da wir uns auf der höchstgelegenen Stelle des Lagers befinden, haben wir nur einen ungenauen Eindruck von seiner Ausdehnung. Sie ist immens. Alle Blocks sehen aus, als ob sie aus schwärzlichen Planen gebaut wurden. Das ganze Erscheinungsbild ist elender, baufälliger als in Neuengamme. In der Ferne, auf der anderen Straßenseite in einem anderen, mit Stacheldraht eingefassten Bereich sehen wir das Frauenlager. Belsen ist ein gemischtes Lager. Diese Unglücklichen tragen die gleiche Sträflingskleidung wie wir.

Es gibt zahlreiche Wachttürme. Man hat uns gewarnt, dass wir uns in Acht nehmen müssen, die Wächter schießen schnell und zweifellos zielgenau. Ohne Unterbrechung treffen Konvois mit Neuankömmlingen ein. Wir fragen uns, wo sie alle untergebracht werden sollen. Eingekreist von den Alliierten, nicht in der Lage, die vorher-

gesehenen Bestimmungsorte zu erreichen, weichen alle Transporte nach Belsen aus.

Wir haben Hunger und nichts mehr zu essen. Es ist lange her, dass der Laib Brot, der uns beim Abmarsch aus Stöcken gegeben wurde, aufgebraucht ist. Sie versprechen uns eine Suppe, geben uns aber den ganzen Tag nichts.

Ein Kamerad hat mich eben bei der Hand genommen. Mit bestürzter Miene führt er mich zu einem langen Block. Das einzige Gebäude aus Steinen liegt gegenüber von unserem Block. Durch die Fenster ohne Glasscheiben lässt er mich in das Innere schauen. Uns bietet sich ein schrecklicher Anblick.

Marius, Rossignol und Séchet, die uns gefolgt sind, weichen zurück, sie wollen nicht mehr sehen.

Übereinandergestapelte Leichen, nackt und skelettartig, sind furchtbar anzusehen mit ihren eingesunkenen Augen und ihrem weit aufgerissenen Mund, der die Zähne zum Vorschein kommen lässt. Einige dieser Leichen sind bereits am Verwesen. Ihr hohler Bauch ist aschgrau. Der Block ist aufgeteilt in sieben oder acht Räume. Alle sind mit diesen Stapeln von Toten gefüllt. Es ist schwierig, ihre Anzahl zu schätzen, aber es müssen gut fünf- oder sechstausend sein. Das ist nicht alles. Auf der anderen Seite, vor dem Block, unordentlich auf dem Boden verstreut, liegen Unmengen von Kleidungsstücken der Toten und Halbtoten. Hinter Block 14 ein weiterer Haufen von Leichen, nackt, mit fratzenhaften Gesichtern. Sie sind überall. So wird uns bewusst, dass viele, die auf dem Boden zu schlafen scheinen, ebenfalls tot sind oder im Sterben liegen. Es sind dermaßen viele, dass wir fortwährend gezwungen sind, beim Gehen über sie hinweg zu steigen. Das ganze Lager ist von ihnen übersät. Abfälle aller Art, beschmutzte oder zerfetzte Kleidungsstücke liegen auf der Erde. Ein abscheulicher Gestank liegt in der Luft. Einige Leichen liegen sogar in den Exkrementen, die überall verteilt sind. Wir fragen uns, was dieser scheußliche Anblick bedeutet. Tatsächlich wird das Lager von Durchfall und Fleckfieber heimgesucht. Man spricht zudem von einem SS-Arzt und gewissen Experimenten, daher lautet die Parole: »Seid ihr krank, geht nicht ins *Revier.*« Dazu kommt die Hungersnot. Aber worüber erblassen, nicht wahr! Daran zeigt sich jedenfalls, wie leicht sich der Mensch an die erschreckendsten und abscheulichsten Dinge gewöhnen kann. Mit der gleichen Leichtigkeit stumpft das Herz ab und wird unempfindlich gegenüber Unglück und Mitleid. Jeden Tag ringen Menschen mit dem Tod und sterben leidvoll inmitten der allgemeinen Gleichgültigkeit. Niemand denkt daran, einen letzten Gedanken ihrer sterbenden Lippen aufzunehmen. Es ist wahr, dass es viele sind, zu viele, diese armen Toten in den Blocks und auf den Höfen ... Und inmitten derer, die ihr Leben aushauchen, war-

Bergen-Belsen, 17.4.1945

»Übereinandergestapelte Leichen, nackt und skelettartig, sind furchtbar anzusehen mit ihren eingesunkenen Augen und ihrem weit aufgerissenen Mund, der die Zähne zum Vorschein kommen lässt«, Bergen-Belsen, 17.4.1945

ten die anderen, resigniert, bis sie selbst an der Reihe sind, was ihnen unvermeidlich scheint.

Am folgenden Tag wird ein Viertelliter Suppe pro Person verteilt. Da es nicht für alle reicht, wird nur an eine Hälfte etwas verteilt. Weder Marius noch ich sind unter den Privilegierten. Wir sind ausgehungert.

Die allgemeine Hungersnot führt zu eigenartigen Szenen. Die Kühnsten verstecken ihr Essgeschirr unter ihrer Jacke und legen sich an den vergitterten Toren, die auf die Straße hinausführen, auf die Lauer. Suppenfässer, die von je vier Männern getragen werden,

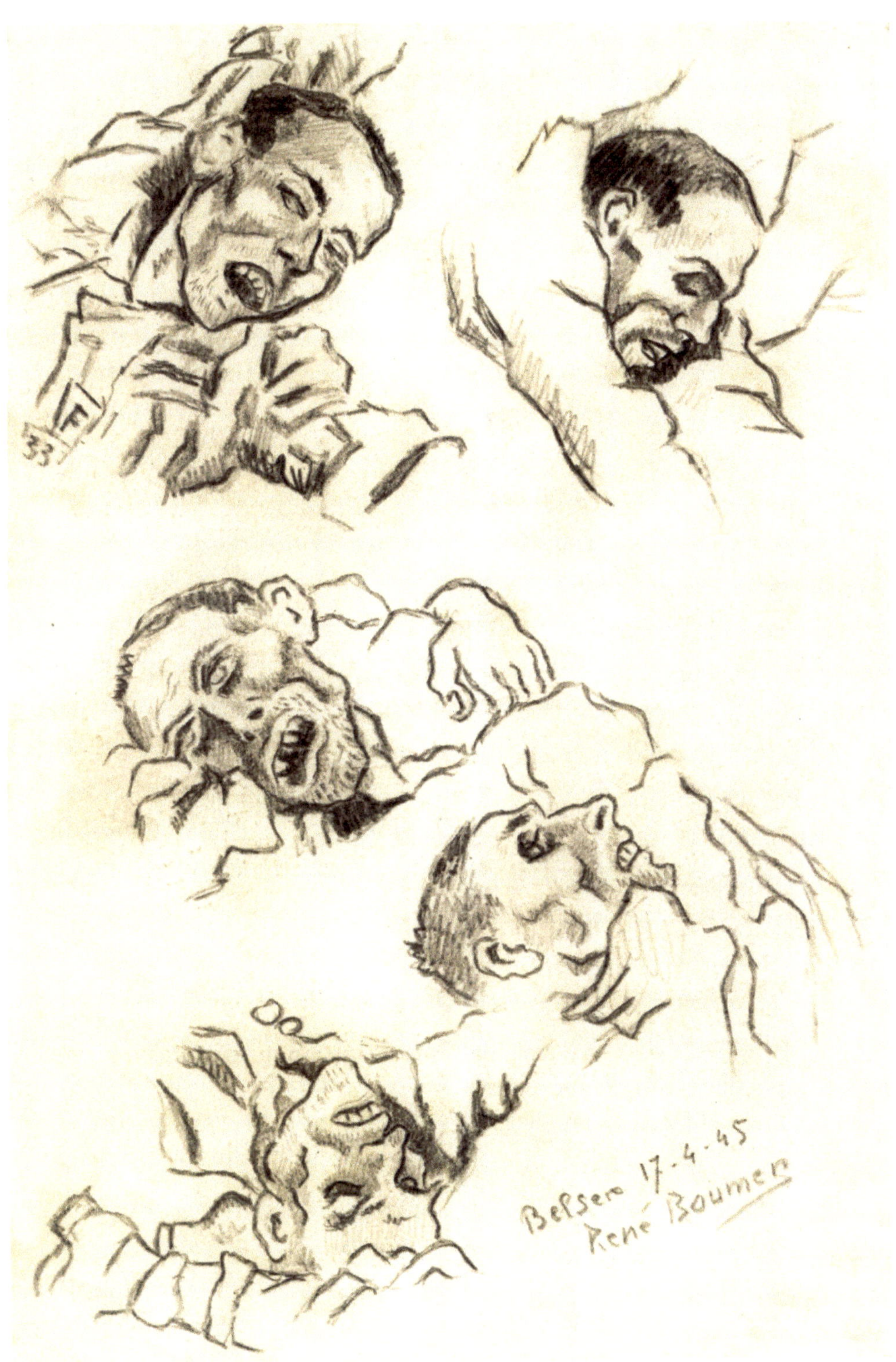
Belsen 17-4-45
René Baumer

kommen dort an. Wenn Letztere die Schwelle überschreiten, stürmen sie hervor und tauchen ihr Essgeschirr in die Fässer, um es aufzufüllen. Sogleich fliehen sie mit ihrer Diebesbeute, um sie in irgendwelchen Winkeln zu verschlingen. Oft werden sie wiederum von anderen Dieben beobachtet, die ihnen folgen und sie überfallen, um ihnen die Suppe zu rauben. Diese Plünderungen enden in gewaltsamen Prügeleien, bei denen die Essgeschirre ihre Odyssee auf dem Boden beenden.

Vor Diebstahl muss man fortwährend auf der Hut sein. Sogar im Block. Hat man den Viertelliter erhalten, der einem zusteht – wenn es einem überhaupt gelingt –, zögern gewisse Gefangene nicht, beim Vorbeigehen eine Drängelei zu provozieren, in deren Schutz sie einem das Essgeschirr entreißen, oder, wenn sie das nicht schaffen, ihre beiden Hände hineintauchen, um einen Teil der Steckrüben herauszuziehen. Das erinnert sehr an Stöcken.

Wir müssen uns in Acht nehmen. Hier herrscht das Gesetz des Dschungels. Die Kapos stellen sich taub gegenüber Klagen oder Protesten wegen der Diebstähle. Man muss sich mit den eigenen Fäusten verteidigen. Pech für die Schwachen, denn Gewalt geht vor Recht. Letzten Endes ist es besser, sich zu schlagen, auch auf die Gefahr hin, vielleicht auf die Toten oder in die Exkremente zu rutschen, anstatt sich, ohne ein Wort zu sagen, bestehlen zu lassen und ein Opfer zu werden, über das man ohne Risiko herfällt.

Am dritten Tag unseres Aufenthalts[55] in Belsen – das macht drei komplette Fastentage – gelingt es mir, meinen Viertelliter Suppe zu erhalten, den ich mit Marius teile, der weniger Glück hat. Diese magere Ration verschlimmert unseren Hunger nur, da sie nicht einmal ausreicht, um ihn zu überlisten. Die Angst ist in allen Augen zu lesen. Allgemein entsteht der Eindruck, dass wir alle sterben werden, alle – ohne Ausnahme – auf mehr oder weniger kurze Frist. Philippe de Lépiney und Jean Daroux, deren Moral trotzdem gefestigt bleibt, verbergen mir nicht, dass die Verzweiflung sie spürbar überkommt. »Es gibt im Moment nur noch zwei Auswege«, sagen sie, »den Tod oder die Engländer. Wer wird zuerst kommen?« Das ist tatsächlich ein aufwühlender Wettlauf.

Marius' Moral sinkt auf erbarmungswürdige Weise. Mehrmals sehe ich Tränen in seinen Augen. Er hat Hunger, entsetzlichen Hunger, aber haben wir nicht alle Hunger? »Vierzehn Tage noch«, sagt er mir, »und wir werden hier alle tot sein. Siehst du diese Leichen? Man sagt, dass es Durchfall sei, Fleckfieber, aber das ist nicht wahr. Sieh dir ihre

[55] Im Original »stage« = Praktikum (Anm. d. Übers.)

Magerkeit an, es ist der Hunger, ich sage dir, dass sie verhungert sind. Ach, meine arme Frau, wenn sie etwas davon ahnen würde ...!«

Stöcken, 27.1.1945. Paul Vincent (Häftlingsnummer 33748), verstorben in Bergen-Belsen am 12.4.1945

Ich antworte ihm nicht mehr, wenn er so mit mir spricht. Ich habe nicht mehr die Kraft, seine Moral aufzurichten oder ihn abzukanzeln. Ich bin mir genauso im Klaren wie er über unsere katastrophale Lage, aber was können wir tun? Nichts, weder er, noch ich, noch sonst jemand. Wenn wir hier sterben müssen, dann sterben wir, das ist alles! Wir müssen uns damit abfinden und warten, bis die Vorsehung über unser Schicksal entschieden hat. Aber anders als er denkt, ist neben dem Durchfall und dem Hunger das Fleckfieber keine Legende. Es existiert unglücklicherweise sehr wohl. Wir werden es noch merken.

Schon gibt es Schwerkranke unter uns. Bald eröffnen meine Freunde Le Tard und Paul Vincent eine Serie, die sich lange abzeichnete. Alle beide sterben unter unseren Augen, sie werden innerhalb weniger Stunden durch ein mysteriöses Übel dahingerafft. Jeden Morgen gibt es beim Wecken im Block ungefähr fünfzehn Tote, die wir nach draußen schleifen. »In diesem Rhythmus«, sage ich mir, »werden wir schnell dezimiert sein. In Kürze wird es für die Überlebenden einen ›Nachschlag‹ bei der Suppe geben.«

Wir sind alle, um die Wahrheit zu sagen, mehr oder weniger krank. Eine extreme Müdigkeit macht sich breit. Unsere Beine scheinen bleischwer. Noch dazu werden wir von den Läusen aufgefressen. Wir liefern uns gnadenlose Schlachten mit ihnen, wohl wissend, dass sie die Verbreiter des Übels sind, das wir alle fürchten.

In diesem Lager der Hoffnungslosigkeit wird immer mehr darum gebetet, dass die Engländer und Amerikaner sich beeilen mögen. Mitunter hören wir das Geschützfeuer, vor allem nachts. Es scheint sich jedes Mal ein wenig mehr zu nähern. Bald sind die Maschinengewehre sehr deutlich zu hören und die Hoffnung in unseren Herzen lebt wieder auf. Eine ganze Serie widerwärtiger Dramen spielt sich vor unseren Augen ab. Eines Tages, zur Mittagszeit, während der Suppenverteilung, werden wir draußen versammelt, um auf einen Rundgang zu warten, der vielleicht nie kommen wird. Es gibt ein derartiges Durcheinander, dass von den nächstgelegenen Wachtürmen geschossen wird. Die Schüsse krachen. Es herrscht eine allgemeine Aufregung. Wir stürzen schnell hinter die Baracken, um uns zu schützen. Dennoch bleiben vierundzwanzig Gefangene blutend auf dem Boden liegen. Sie werden zu den anderen Leichen gelegt. Eine Kugel durchbohrt die Bretter unseres Blocks und trifft einen Polen, der auf der Stelle getötet wird.

Eines Abends fallen drei Kapos wie wilde Tiere über einen Mann her, der, nachdem er einen gewaltigen Schlag mit dem Knüppel auf den Schädel erhalten hat, mit dem Gesicht zur Erde zusammenbricht. Einer der Kapos springt ihm mit geschlossenen Füßen auf die Lenden und trampelt auf ihm herum, während die anderen ihn mit Knüppelhieben auf den Kopf zusammenschlagen. Die Bestien hören erst auf zu schlagen, als sie ihn für tot halten. Der Unglückliche atmet noch. Er haucht erst eine Stunde später seine Seele aus. Welche Gründe haben die Kapos dazu getrieben, diesen Mann zu töten? Die Erklärungen sind unterschiedlich. Der einen zufolge hat der Gefangene in seiner Kolonne einen der deutschen Wächter ermordet. Das scheint falsch zu sein, denn die verhängte Strafe hätte in diesem Fall anders ausgesehen.

Nach einer anderen Version hat er Suppe gestohlen, was plausibler erscheint. Andere schließlich sagen, er habe den Bauch eines toten Kameraden geöffnet und dessen Leber gegessen, was nicht unmöglich erscheint!

Man hat viel darüber geredet, dass in Belsen ausgehungerte Gefangene Fleischstücke von den Leichen abschnitten, um sie zu essen. Zwar bin ich weit davon entfernt, diese Äußerungen zu bestätigen, kann allerdings versichern, Tote mit klaffenden Wunden – beispielsweise an den Schenkeln – gesehen zu haben, die zweifellos mit einem Messer gemacht wurden. Ich habe auch in einem der Räume, in denen sich aufgetürmte Leichen befanden, Menschen Feuer machen und Fleisch auf Steinen kochen sehen. Das musste absolut nicht heißen, dass dieses Fleisch den Leichen entnommen wurde. Aber da kein Gefangener den Bereich außerhalb des Stacheldrahtes betreten konnte, kann man sich fragen, wo dieses Fleisch herkam. Allein die Soldaten hätten möglicherweise welches haben können, und die Gefangenen hatten keinen Kontakt zu ihnen. Während meines Aufenthaltes im Lager habe ich nie Fleisch gesehen – außer nach der Befreiung. Seine Herkunft war also bekannt. Die Realität der Szenen von Menschenfresserei lässt sich kaum bestreiten, aber wozu würde einen Hunger oder Durst nicht treiben? Man muss diese beiden Foltern durchgemacht haben, um eine Vorstellung davon zu haben. Ein

Kamerad, an dessen Ernsthaftigkeit kein Zweifel besteht, erzählte mir, dass in einem Waggon während seines Transports nach Belsen – von welchem Lager, weiß ich nicht mehr – die Gefangenen derart an Durst litten, dass einer von ihnen sein Messer in den Hals seines Nachbarn gestochen hat, um dessen Blut zu trinken, und dass Dreiviertel der anderen verrückt geworden sind.

Währenddessen haben die Deutschen für uns eine passende Beschäftigung gefunden. Vom Morgengrauen bis zur Dämmerung zwin-

Bergen-Belsen, April 1945. »Vom Morgengrauen bis zur Dämmerung zwingen sie uns, die Toten zu schleppen …«

gen sie uns, die Toten, die täglich mehr werden, in große Massengräber zu schleppen. Diese – die Krematoriumsöfen funktionieren mangels Kohle nicht mehr – werden weit entfernt von den Blocks im unbebauten Gelände am äußersten Ende des Lagers ausgehoben. Es ist sicher eine Strecke von mehr als anderthalb Kilometern.

Wir tun uns zu zweit, manchmal zu dritt zusammen, um einen Toten zu seiner letzten Ruhestätte zu bringen. Man lässt uns gleichermaßen Leichen von Frauen und Kindern schleppen. Diese Arbeit, die in ihrer Härte mit jener, die wir in Stöcken erledigen mussten, nicht zu vergleichen ist, erschöpft uns jedoch, geschwächt wie wir sind. Niemals lassen sie uns anhalten, um zu sagen, dass es Zeit für die Suppe sei. Essen ist etwas, was an diesem Ort nicht vorkommt. Wenn die Nacht hereingebrochen ist, kehren wir, wie gewöhnlich mit leerem Magen, zum Block zurück.

Wenn wir mit unserer makabren Last an den Küchen vorübergehen, bemerken wir einige Haufen von Steckrüben und Kartoffeln. Einige Gefangene lassen ihre elende Arbeit fallen und stürzen sich auf diese Schätze, um ein oder zwei Gemüsestücke mitgehen zu lassen. Von den Wachtürmen wird jedoch ohne zu zögern auf sie geschossen. Nicht wenige Gefangene werden auf diese Weise getötet ... In der Hoffnung, einige Steckrüben- oder Kartoffelschalen zu finden, schauen wir immer unter unsere Füße, aber sie sind derartig begehrt ...

Wenn wir die Körper von toten Frauen holen, können wir einige Worte mit Überlebenden wechseln. Wir suchen Landsleute, um sie nach deportierten Angehörigen auszufragen, denen sie begegnet sein könnten. Ich weiß nicht, wie diese Frauen sich zu helfen wissen, aber es gelingt ihnen eher als uns, sich Wurzeln und Steckrüben zu besorgen. Sie erweisen sich als gutherzig und hilfsbereit. Eine Frau aus Lyon gibt mir von einem Stück Steckrübe, das sie isst, die Hälfte ab. Ich werde ihr dafür ewig dankbar sein.

Auf der Lagerstraße zieht ohne Unterbrechung ein Trauerzug von Sträflingen vorbei, die mit Stofffetzen, welche von »verpesteten« Kleidern abgeschnitten wurden, Tote entweder an zusammengebundenen Händen oder Füßen ziehen. Die Leichen sind nackt und mehr oder weniger verwest. Auf dem schmutzigen Boden reißt das faulige Fleisch auf und die armen, skelettierten Köpfe rollen davon. Bei den Gruben wachen SS und Kapos. Wenn wir die Leichen nicht weit genug hineinwerfen, riskieren wir, von ihnen mit in die Tiefe gestoßen zu werden, damit wir die Leichen gleichmäßiger verteilen.

»Ein übellauniger polnischer Kapo stößt mich von hinten in die Grube«

Eines Tages geschieht mir dieses grauenerregende Abenteuer. Ein übellauniger polnischer Kapo stößt mich von hinten in die Grube. Ich falle hart auf die Toten und habe – das werde ich niemals vergessen – den schauderhaften Eindruck eines Zusammenstoßes meiner lebenden Stirn mit toten Stirnen. Dieses kalte und weiche Fleisch, das sich unter den Fingern eindrückt, diese Rippen, die unter den Füßen zusammenknicken … In Sekundenschnelle erklimme ich die gegenüberliegende Erdböschung. Der Kapo beobachtet mich mit erzürnten Augen; ich schwöre diesem Menschen tödlichen Hass. Wäre ich ein freier Mann, so würde ich noch ausreichend Kraft in meinem Körper aufbringen, um ihn zu erwürgen.

Diese Erfahrung ist schrecklich, so etwas wird mir nicht noch einmal passieren.

Im Lager gibt es nur selten Wasser. Unsere hygienische Situation führt dazu, dass wir Streifen aus Stoffen reißen müssen, in denen es vor Fleckfieberläusen nur so wimmelt. Wir müssen damit die Toten anfassen, die an mehr oder weniger ansteckenden Krankheiten verstorben sind, ohne uns die Hände waschen zu können. Diese Schinderei erstreckt sich über mehrere Tage, bis zur Ankunft der Alliierten.

Als ich am Abend des 13. April zum Block zurückkehre, erfahre ich, dass Paul Gilbertas gestorben ist. Unsere Nerven und unsere Gefühle sind infolge unserer unzähligen Leiden nur noch zu abgestumpften Reaktionen imstande. Wir müssen ihn suchen, um zu begreifen, was geschehen ist, denn wir realisieren nichts mehr unmittelbar. Im ersten Augenblick empfinde ich nichts. Mechanisch suche ich in den leblosen Massen, die auf dem Boden verteilt sind, den Körper dieses großartigen Burschen. Ich finde ihn nicht.

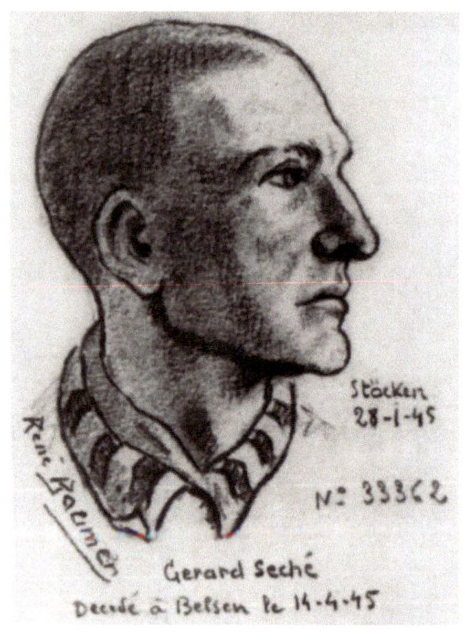

Stöcken, 28.1.1945. Gérard Séchet (Nr. 33362), verstorben in Bergen-Belsen am 14.4.1945

»Da, vor euch, ja, dort«, sagt Rossignol und zeigt mit dem Finger auf einen Leichnam, der noch mit seiner Häftlingskluft bekleidet und dessen Gesicht gegen die Erde gedrückt ist.

Ich beuge mich vor und drehe ihn um. Ja, er ist es. Sein Gesicht ist angeschwollen, aber es hat im Tod einen gewissen gelassenen Ausdruck wiedergefunden. Am Morgen habe ich ihn noch gesehen. Er war deprimiert, sicher, aber ich hätte niemals gedacht, dass dieses junge Leben ein so plötzliches Ende nehmen würde. Ich mochte diesen jungen Mann, der einst fröhlich war, der singend durchs Leben ging, der Vertrauen in die Zukunft besaß. Als mit den körperlichen Kräften die Moral nachließ, war sein starker Optimismus einem tiefen Pessimismus gewichen. Er fürchtete, nicht mehr unter dem frischen Schatten spendenden

Bergen-Belsen, 19.4.1945

Laubwerk der Kastanienallee entlangzugehen, die er hatte wachsen sehen und die er so liebte. Oh! Belsen, abscheuliches und kriminelles Stück Land, wie viel Jugend, Hoffnung, Pläne wirst du zunichtegemacht haben!

Séchet ist krank. Im Block gibt es keinen Platz mehr. Er schläft draußen, zusammen mit Aubert und mir. Uns ist nicht kalt, aneinandergedrängt, unter unseren aufeinanderliegenden Decken. Trotzdem wacht Séchet am nächsten Tag nicht mehr auf. Der Tod fährt mit seinen Verwüstungen fort.

Jacques der Philosoph ist verschwunden. Ich habe ihn vor Kurzem noch bewusst gesehen. Er war krank, schleppte sich dahin, sein Geist verlor sich ins Leere. Seitdem hat ihn niemand wiedergesehen. Er hatte die Angewohnheit, sich abzusondern, aber dieses Mal dauert seine Abwesenheit sehr lange. Was ist mit diesem rätselhaften Wesen geschehen? Hat er sich in irgendeinem Winkel versteckt, weit weg von unserem Blickfeld, um zu sterben? Ist er in einem Leichenberg verschwunden, wo er nicht mehr wiederzuerkennen ist, als einer unter zahllosen anonymen Toten? Wird man es jemals erfahren?

Der Hunger herrscht nach wie vor, aber unsere Magerkeit kann sich kaum noch verschlimmern.

Samstag, 14. April

Marius und ich schleppen einen Toten zum Massengrab. Mein armer Normanne klagt über seine von Müdigkeit und Schwäche schweren Beine. Seine Augen treten hervor und glänzen mit fiebrigem Schim-

Bergen-Belsen, April 1945, Leichenbergung

mer in seinem ausgezehrten Gesicht. Ich sage ihm, er soll sich vor der Aufsicht der Kapos verstecken, um sich auszuruhen. Er weigert sich. Ich werde ungehalten. Meine Hartnäckigkeit bewirkt, dass er sich entfernt und verschwindet. Ich zerre den Toten allein zu seinem Grab. Bei der Grube finde ich einen anderen Mitgefangenen, der mir hilft, diese unseligen Transporte fortzusetzen.

Auf dem Rückweg begegnen wir zwei Gefangenen, die uns langsam entgegengehen, wobei sie einen unserer toten Kameraden wegtragen. Die Leiche liegt auf dem Bauch, das geschwärzte Gesicht schabt auf der Erde entlang. Wir bitten die beiden, ihn umzudrehen. Sie scheinen uns nicht zu hören … Wir schreien sie laut an, was sie zum Lachen bringt. Ein Stück weiter jedoch drehen sie den Körper um.

Alain Bouchard ist in schlechter Verfassung. Er wird von zwei Freunden gestützt, die ihn begleiten, und seine Gesichtsfarbe ist aschgrau. Als wir zu ihm aufschließen, hat er nicht einmal die Kraft, auf unsere Fragen zu antworten.

Sonntag, 15. April

Marius erwacht neben mir. Seine Stimme ist schrecklich heiser. – »Es geht nicht mehr«, murmelt er, »ich glaube, ich verrecke bald«. – »Sag nicht so etwas Dummes«, erwidere ich, »du hast weder den Gang noch den Gesichtsausdruck eines Sterbenden. Schüttele dich ein wenig, fass neuen Mut, hast du es nicht gehört heute Nacht?«

Die ganze Nacht hat der Beschuss gewütet. Heute Morgen hört er nicht auf, bestimmt ist er sehr nahe.

Der Zufall will, dass im Block eine Ration Brot und Käse ausgeteilt wird. Wir stellen uns an und warten, dass unsere Nummer aufgerufen wird. Marius' Blick ist angsterfüllt. Er hat seine Decken und die Brotmarke verloren, die man ihm gegeben hat. Er ist wackelig auf den Beinen. Ich sage ihm, dass ich mein Brot mit ihm teilen werde, dass er nicht dableiben soll, dass er sich an die Wand des Blocks setzen soll. Er hört mir zu und taumelt davon. Ich warte. Das dauert mindestens drei Stunden und ist vergeblich. Die Gefangenen, aufgebracht und erschöpft vom Warten, stoßen den Ordnungsdienst beiseite und bemächtigen sich des Brotes, das übrig bleibt. Ich versuche, mir ein Stück der Beute zu sichern, trotz der Schläge, die ich dafür einstecken muss, aber es ist vergeblich.

Ich habe gerade Jean Daroux und Philippe de Lépiney getroffen, die mir einen Besuch von Block 26 abstatteten, wo sie ihr Lager aufgeschlagen haben. Der eine wie der andere ist sehr aufgelöst. Sie sind vom Durchfall gezeichnet, dem Übel, unter dem wir fast alle leiden.

Plötzlich erheben sich gewaltige Schreie im gesamten Lager und schwellen zu einem einzigen Schrei an, der sich verbreitet wie ein Donnerhall. – »Da sind sie ..., die Amerikaner!«

Alle Gefangenen stürzen zum Stacheldraht. Auf der Straße, die den großen Wald umsäumt, erscheinen Panzer mit einem Höllenlärm. Wir sind alle halb verrückt. Die Augen weit aufgerissen, glauben wir an eine Halluzination. Einige können ihre Gefühle nicht bändigen, Tränen laufen über ihre Wangen. Andere stehen mit offenem Mund da, um einen Schrei hervorzustoßen, der nicht herauskann.

Stöcken, 23.1.1945. Philippe Granjon de Lépiney (Häftlingsnummer 33660), verstorben in Belsen, ca. 25.4.1945

Wieder andere äußern ihre Freude nicht (die deswegen nicht weniger groß ist) und bleiben ruhig. Das sind wenige.

Es sind tatsächlich die Alliierten. Genau genommen sind es nicht die Amerikaner, es sind die Engländer, was für uns dasselbe bedeutet!

Ich laufe los, um Marius zu suchen. Ganz dicht beim Block finde ich ihn, seitlich auf der Erde ausgestreckt. Er hat die Augen offen und scheint nicht zu leiden. Ich spreche ihn mit seinem Namen an, während ich ihn leicht an der Schulter bewege. Sein Auge bleibt fest, seine »Hebammen«-Hände – so hat er sie selbst genannt – sind verkrampft. Er antwortet mir nicht, er folgt demselben Weg wie all die anderen, den Weg, den wir alle gehen werden, wenn wir noch lange in diesem grauenhaften Lager bleiben. Auf diesem schmutzigen Boden liegt er im Sterben zwischen einem griechischen Architekten und einem tschechischen Journalisten – unglückseligen Elendsgenossen, schon vom Tode gezeichnet. Er stirbt als Gefangener in dem Moment, wo diejenigen, auf die er so lange gewartet hat, gekommen sind, um ihm die Freiheit wiederzugeben, die ihm so teuer war. Auf den Knien, dicht bei ihm, denke ich an seine Frau, an seine kleine Tochter, die auf ihn warten – in der fernen Normandie, die er nicht mehr wiedersehen wird. Es ist mein letzter guter Kamerad, der mich verlässt. Ich bin da, gewiss geschwächt, jedoch relativ stark und muss ihn fortgehen sehen, ohne etwas für ihn tun zu können. Ich könnte alle Kräfte anflehen, alle Mächte der Erde und des Universums, auch Gott selbst, es würde nichts bewirken, weil seine Stunde geschlagen hat, weil es sein Schicksal ist, weil er sterben muss.

Dann erhebt sich ein Geschrei im Lager. Es sind britische Soldaten, die einrücken. Die Deutschen, mit Ausnahme einiger SS-Leute, die geblieben sind – man weiß nicht, warum –, sind seit mehreren Stunden fort. Ungarische Soldaten mit weißen Armbinden haben sie auf den Wachtürmen ersetzt. Diese Veränderung hat sich vollzogen, ohne dass wir es überhaupt bemerkt haben!

Aufgestellt am Stacheldraht, betrachten wir eine endlose Zeit lang, wie die englischen Panzer sich in einer Reihe aufstellen.

Ich kehre in die Nähe meines Blocks zurück. Schreie, unbändige Ausrufe, Freudensprünge überall. Marius, der auf der Erde liegt, ist in ewiger Bewegungslosigkeit erstarrt … Als der Abend kommt, verlassen die Ungarn die Wachtürme. Die Engländer, die wieder abgefahren sind, kommen erst später in der Nacht wieder, um ganz vom Lager Besitz zu ergreifen, das für den Moment ohne Aufseher bleibt.

Wir sind frei, aber ausgehungert … Da beginnt der Ansturm auf die Küchen. Die Fensterscheiben werden eingeschlagen, die Türen eingedrückt, die Plünderung ist in vollem Gange! Wir finden einige Laibe

Bergen-Belsen, 17.4.1945 Der Tommy der »Royal Artillery« beim Wachdienst

Brot, Suppe, etwas Fleisch, Unmengen an Mehl, Steckrüben und roten Karotten. Feuer werden in der Nacht angezündet, jeder kocht sein Essen unter freiem Himmel. Am nächsten Tag und an den folgenden Tagen, inmitten der auf dem Boden verstreuten Toten, vervielfachen sich die Feuer. Die Fenster und Türen werden zertrümmert, um daraus Brennholz zu machen.

6. Letzte Tage in Belsen

Auch nach der Befreiung setzt sich die enorme Sterblichkeit fort. Der kleine Bretone, Albert und Alain Bouchard hauchen ihr Leben aus. Das Lager behält unter allen Umständen seine erschreckende Maske auf. Das Fleckfieber ist noch nicht unter Kontrolle gebracht worden. Die neue Lebensmittelversorgung, die zu viele Konserven enthält, bewirkt eine erhebliche Zunahme von Durchfallerkrankungen.

Da wir durch vorstoßende Truppeneinheiten gerettet wurden, haben unsere Befreier nicht das bei sich, was nötig wäre, um die Schmerzen und die Epidemien zu bekämpfen. Wir müssen daher noch etwas auf die Ankunft der Sanitätskolonnen warten.

Eines Nachmittags gehe ich zum Block 26, um meine französischen Freunde zu besuchen, die dort untergebracht sind. Es herrscht

Bergen-Belsen, 17.4.1945

eine unsägliche Verzweiflung und ein unbeschreibliches Durcheinander. Tote, Sterbende, eine fieberhafte Ungeduld …

Serra erkennt mich nicht mehr, Philippe de Lépiney, ausgestreckt auf der Erde zwischen den Betten, liegt im Sterben. Als er meine Stimme hört, kommt er wieder etwas zu sich und findet die Kraft, mir die Hand zu reichen. Jean Daroux ist auf seinem Strohsack zusammengebrochen, den er nicht mehr verlässt. Eine Zeitlang spreche ich mit ihm über banale Dinge, dann gehe ich wieder zurück, begleitet von Jacky dem Türken, dessen Gesundheit ausgezeichnet zu sein scheint.

Unsere britischen Freunde sind ungemein bestürzt, so viele Tote zu sehen. Der Sprecher verschweigt mir nicht, dass er während des ganzen Krieges nicht so viele gesehen hat wie hier.

Währenddessen beginnen die Engländer, Ordnung zu schaffen. Die Ernährung wird besser, reichlicher und die Hygienemaßnahmen beginnen. Was die gefangenen SS-Angehörigen betrifft, so bringen die Sieger diese jetzt dazu, die Leichen in die Gruben zu transportieren, aber mit Lastwagen. Die Deutschen werden im Vorüberfahren von den ehemaligen Gefangenen niedergeschrien und mit Verwünschungen überhäuft. Ein SS-Mann, der versucht zu fliehen, wird von einem englischen Soldaten erschossen.

Eines Nachts schaffen es Russen und Polen, das Lager zu verlassen. Sie streifen auf dem Land herum, dringen in Bauernhöfe ein, schlachten Schweine und kehren mit beträchtlichen Fleischvorräten zurück. Die verpesteten Blocks ekeln uns an und bewegen uns dazu, uns so weit wie möglich von ihnen zu entfernen. Mit einigen meiner Kameraden mache ich eine Runde in die Lagerräume, die der Plünderung ausgeliefert wurden. Dort entdecken wir ein Zelt, das wir weit entfernt von den Blocks aufstellen, wo man so eng zusammengepfercht ist, in der Hoffnung, dort gesündere Luft vorzufinden. Abwechselnd kümmern wir uns nun um die tägliche Nahrungsmittelversorgung.

Bergen-Belsen, 17. und 18.4.1945, oben: Pierre Cassado (Häftlingsnummer 33751) unten: Georges Rubin (Häftlingsnummer 34974), beide verstorben in Bergen-Belsen im Mai 1945

Wir sind zehn: Daniel (der die Aufgaben des Kochs übernimmt), Albert Pierry,[56] Pierre Cassado, Aubert, Laforest, Rossignol, Aguerre, Rubin, Jean Foliot und ich.

[56] René Baumer schreibt Albert Piéri (Anm. d. Übers.).

Französinnen, denen wir ein Zelt neben unserem aufstellen, bieten sich bereitwillig an, uns beim Kochen zu helfen. Wir haben Mehl, Kartoffeln, Konservendosen, Milch, alles, woraus man abwechslungsreiche Menüs bereiten kann!

In der großen, luftigen Ebene denken wir, dass der Tod uns vergessen hat. Aber er liegt ständig auf der Lauer! Laforest, der erste von zehn, kämpft in seinen Klauen. Eines Morgens, bei einem goldenen Sonnenaufgang, am 20. April, bleiben seine Augen halb geschlossen. Sein Gesicht hat eine Leichenblässe angenommen. Wir können nur noch seinen Leichnam in eine Decke legen und ihn zu dem Weg tragen, wo die Soldaten ihn aufsammeln werden. Wir hätten ihm gerne eine eigene Grabstelle bereitet, aber sogar alle miteinander haben wir nicht die Kraft, ein Grab zu schaufeln.

Aguerre und Rossignol, die krank sind, verlassen uns, um in den Block zurückzukehren, wo, wie man sagt, Ärzte beginnen, vorbeizuschauen. Der eine wie der andere wird dort sterben, im Abstand

»Ein Kamerad, der im Zelt gestorben ist«, Bergen-Belsen, 20.4.1945

von einem Tag. Wir sind nur noch zu siebt im Zelt und fragen uns: »Wer ist jetzt als nächstes an der Reihe?«

Wir wissen gar nicht mehr, worüber wir uns beklagen sollen. Unsere Beine tragen uns nur mit Mühe. Jean Foliot, der kühne Normanne aus Le Havre, scheint in der Gruppe derjenige zu sein, dessen körperliche Verfassung am besten ist. Er ist auch der Jüngste. Ihm obliegt am häufigsten die Aufgabe der Verpflegung. Mit seinem vielleicht ein wenig aufbrausenden Naturell hat er das tapferste Herz, das es gibt.

Ich bin erkrankt. Fieber befällt mich. Ich entdecke an mir die Symptome des Übels, das nacheinander meine Kameraden dahinrafft. Jean Foliot, dem treuen Freund, gelingt es, Krankenschwestern und Ärzte an mein Bett zu bringen. Der englische Sprecher besucht mich. Er verspricht mir, mich ins Krankenhaus bringen zu lassen. Ein polnischer Priester kommt.

Ich schleppe mich nach draußen, vor das Zelt, um mich von der Sonne bescheinen zu lassen. Der Priester steht vor mir. Er ermahnt mich, die Sterbesakramente zu empfangen.

»Sie sind Christ«, sagt er, »das wird Sie nicht sterben lassen«.

Währenddessen beginnt die Evakuierung des Lagers.

Am 29. April komme ich ins Krankenhaus von Bergen.

oben: Stöcken, 5.3.1945. Albert Pierry (Häftlingsnummer 34705); unten: Stöcken, 8.3.1945. Daniel Granger (Häftlingsnummer 34620), verstorben in Bergen-Belsen am 30.4.1945

7. Epilog

Die Zeit ist vergangen, der Krieg vorbei. Hitlers Ende ist geheimnisumwittert. Mussolini, der erschossen wurde, hat seine Schuld bezahlt. In den Krankenhäusern Deutschlands sind viele seiner Opfer verstorben. Einige sind geheilt, viele schlafen für den Rest ihres Lebens schlecht. Für mich ist das Übel gebannt. Ich empfange gern den Besuch guter Kameraden, die leider nicht immer Überbringer guter Nachrichten sind. Seit meinem Aufbruch aus Belsen sind drei weitere meiner letzten Zeltkameraden verstorben: Daniel, Pierre Cassado und Rubin. Albert Pierry ist ins Krankenhaus eingeliefert worden, Aubert ist verschwunden. Die Totenliste wird mit jedem Besuch, den ich bekomme, länger. Philippe de Lépiney, Jean Daroux, Cauvin, Gonthier, Serra, Chassaigne etc. haben die Welt der Lebenden verlassen, ebenso der tschechische Arzt von Stöcken. Gott! Wie gut die Leichengruben von Belsen gefüllt sein müssen!

Am meisten überrascht mich der Tod von Jacky dem Türken. Als ich ihn das letzte Mal sah, so voller Optimismus und bei solch präch-

Belsen, 20.4.1945

tiger Gesundheit, hätte ich gewettet, dass, wenn einer von uns übrigbliebe, er es sein würde. Das Fleckfieber hat ihm nicht verziehen, dass er es so lange warten ließ.

Krankenhaus Bergen, 26. Mai 1945

Das Lager Belsen gibt es nicht mehr. Indem sie es verbrannten, haben die Briten es vom deutschen Territorium getilgt. Das ist ein Schritt in Richtung des Vergessens, auch wenn eine durchaus umsichtige Propaganda sich darum bemüht, die Erinnerung zu bewahren, damit die Lektion Früchte trägt. Lebendig wird die Erinnerung in einigen Jahren nur noch in den Gedanken desjenigen fortbestehen, der auf diesem Boden gelitten und nirgendwo sonst dem Tod so nah ins Gesicht geblickt hat. Die Erinnerungstafel, die auf seiner Grabstätte platziert ist, wird nicht vom ganzen Universum gesehen werden. Nur einige Touristen werden sie sehen. Vielleicht werden sie nicht einmal die wenigen Zeilen lesen, die dort geschrieben stehen. Eines Tages, am Anfang einer neuen Tragödie, wird eine deutsche Hand den Pfosten herausreißen.

Die Anzahl der Menschen zu ermitteln, die in den Konzentrationslagern umgekommen sind, ist ein Ding der Unmöglichkeit. In Frankreich haben die Statistiken für Belsen achtzigtausend Tote ermittelt. Diese Zahl ist vielleicht sehr dicht an oder auch sehr weit entfernt von der Wahrheit. Mit einigen meiner glücklichen Kameraden habe ich versucht, die Zahl all jener zu schätzen, die unter den Franzosen vom Block 4 von Stöcken nach der Zeit unserer Gefangenschaft überlebt haben. Von ungefähr zweihundertneunzig sind wir nicht einmal zwanzig. Vom ehemaligen Tisch 10 desselben Blocks, wo Eugène Tischältester war, bin ich der einzige von vierzehn Überlebenden!

Annähernd alle Konzentrationslager wiesen, bei ungleicher Berühmtheit, eine verhältnismäßig gleich hohe Sterblichkeitsrate auf. Doch bin ich überzeugt davon, dass es kleine obskure *Kommandos* gab, die nicht für ihre tödliche Wirkung berühmt sind, aber mörderischer waren als die bekannten Todeslager.

Ich habe Neuengamme, Stöcken, Belsen kennengelernt. In Stöcken starb man vielleicht ebenso sicher wie in Belsen, jedoch ohne die Mitwirkung des Fleckfiebers. Es war nur eine Frage der Zeit. In Belsen war der Tod brutaler. In Stöcken dauerten die Todeskämpfe länger. In Belsen war es besonders eindrucksvoll: Man starb, egal wo, und bedeckte die Lagerstraße mit seinem skelettierten und verwesten Körper. In Stöcken war man diskreter, man beschwerte den Boden nicht mit seinem Leichnam. Das Sterben fand verborgen, im *Revier,* statt.

3. Juni 1945, 17.05 Uhr

Das Flugzeug, das mich in die Heimat zurückbringt, überquert die Grenze. Es landet um 18.20 Uhr in Le Bourget.

In der Métro, bei meinen ersten Schritten auf den Pariser Boulevards, in der Menge – bin ich wieder ein Mensch geworden wie die anderen? Nein, noch nicht! Es ist schwierig für mich, der Neugier zu entkommen. Gehe ich vorbei, scheinen sie zu sagen: »Da ist ja einer, der von dort zurückkommt.« Meine kurzen Haare, meine müden Gesichtszüge, die Blässe meines Gesichts, meine Magerkeit, mein zögernder Gang verraten mich.

Dennoch erscheinen mir die Folterlager schon weit weg!

Nein, sie sind da, ganz nah, ich werde ihr Spiegelbild sehen. Leute versammeln sich vor den Schaufenstern, wo Fotografien aus Buchenwald, Ravensbrück, Belsen, Nordhausen, Dachau etc. ausgestellt sind. Mit traurigen Gesichtern, entsetzt oder empört, versuchen diese Schaulustigen, sich Dinge zu vergegenwärtigen, die ihr Verstand nur mit Mühe erfassen kann!

Abbildungsnachweis

Die in diesem Buch abgedruckten Zeichnungen von René Baumer stammen, wenn nicht anders angegeben, aus der Originalausgabe seines Buches: »La misère aux yeux de fou. Notes et dessins de déportation«. Editions BGA Permezel, Lyon 2004.

S. 23 (beide): www.artmajeur.com
S. 75 (oben): Rainer Fröbe/Claus Füllberg-Stolberg/Christoph Gutmann u.a.: Konzentrationslager in Hannover, Band 2, Hildesheim 1985, Abb. 42; (unten): ebd., Abb. 18
S. 77 (unten) ebd., Abb. 36.
S. 81 (unten): ebd., Abb. 35.
S. 91 (oben): ebd., Abb. 29.

zum Grußwort:
S. 6: Landeshauptstadt Hannover, Presse und Öffentlichkeitsarbeit (Fotograf: Sascha Wolters)

zum Beitrag von Janet von Stillfried:
S. 8: Daniel Contamin
S. 9: Imperial War Museums, London (www.iwm.org.uk/collections/item/object/205304301)
S. 11l.: Niedersächsisches Landesarchiv Hannover, Signatur: NLA HA Nds 721 Hann Acc. 97/99 Nr. 26/4
S. 11r.: Niedersächsisches Landesarchiv Hannover, Signatur: NLA HA Nds 721 Hann Acc. 97/99 Nr. 26/4
S. 12 l: Niedersächsisches Landesarchiv Hannover
Signatur: NLA HA Nds 721 Hann Acc. 97/99 Nr. 26/4
r.:Niedersächsisches Landesarchiv Hannover (Signatur: NLA HA Nds 721 Hann Acc. 97/99 Nr. 26/4)
S. 14: Bundesarchiv Berlin, R 9361-III/52625
S. 15 (oben links und unten rechts): Privatbesitz, (oben rechts und unten links): Daniel Contamin
S. 20f: Privatbesitz Janet von Stillfried

VSA: Zeitzeugen und Spuren-Suche

Irmtraud Heike/Jürgen Zimmer
Geraubte Leben
Spurensuche: Burgwedel während der NS-Zeit
232 Seiten | Hardcover | zahlreiche Abbildungen | € 19.80
ISBN 978-3-96488-038-3

Ein jüdischer Arzt, der in den Selbstmord getrieben wurde, tote Säuglinge von Zwangsarbeiterinnen, im KZ Auschwitz umgebrachte Sinti, Opfer von Krankenmorden – eine Spurensuche in der niedersächsischen Kleinstadt Burgwedel führt in die Abgründe der NS-Geschichte und regt zur aktiven Erinnerung an.

Dietlind Kautzky/
Thomas Käpernick (Hrsg.)
»Mein Schicksal ist nur eins von Abertausenden«
Der Todesmarsch von Hamburg nach Kiel 1945
Neun Biografien
192 Seiten | Hardcover | Fotos, teilweise in Farbe | € 19.80
ISBN 978-3-96488-064-2

In diesem Buch werden neun Lebenswege von Menschen dargestellt, die im April 1945 den Todesmarsch von Hamburg nach Kiel mitmachen mussten. Dazu enthält der Band einen historischen Überblicksbeitrag und eine Liste mit den Namen von bislang 235 namentlich bekannten Teilnehmer*innen des Marsches.

Peggy Berolsky
Von Krakau nach Kapstadt
Deportiert nach Auschwitz: Bericht einer Überlebenden des Holocaust
Aufgeschrieben von Lisa Strauß, herausgegeben von Gine Elsner
120 Seiten | Hardcover | Halbleinen | € 12.80
ISBN 978-3-96488-018-5

Bis nach Südafrika reicht dieser Bericht einer 1926 als Peska Weinstock 1926 im polnischen Koszyce unweit von Krakau geborenen Jüdin.

Sie überlebte das Vernichtungslager Auschwitz-Birkenau und den Todesmarsch nach Bergen-Belsen.

Ihre Enkelin Lisa Strauß hat auf Grundlage eines langen Videointerviews, das ihr Cousin Paul mit ihrer Großmutter geführt hat, deren Erinnerungen aufgeschrieben.

Prospekte anfordern!

VSA: Verlag
St. Georgs Kirchhof 6
20099 Hamburg
Tel. 040/28 09 52 77-10
Fax 040/28 09 52 77-50
Mail: info@vsa-verlag.de

www.vsa-verlag.de

VSA: Erinnerungs-Arbeit

Hajo Funke
Der Kampf um die Erinnerung
Hitlers Erlösungswahn
und seine Opfer
280 Seiten | € 24.80
ISBN 978-3-89965-842-2

»Eindringlich und anschaulich analysiert Hajo Funke den Nationalsozialismus. Indem er Adolf Hitler als gelehrigen Schüler des Komponisten Richard Wagner ausweist, zeigt er das NS-Regime als ein perfides, die Massen betörendes ›Gesamtkunstwerk‹. (...) Die Erinnerung an die dynamische Radikalisierung des Nationalsozialismus ist angesichts der Gefahren neuer faschistischer Bewegungen aktueller denn je.« (Micha Brumlik)

Hannes Heer / Christian Streit
Vernichtungskrieg im Osten
Judenmord, Kriegsgefangene
und Hungerpolitik
Herausgegeben und mit einem Vorwort von Frank Heidenreich und Lothar Wentzel
240 Seiten | € 19.80
ISBN 978-3-96488-039-0

Spätestens mit Gründung der BRD 1949 wurde der Völkermord im Osten zu einer schicksalhaften »Verstrickung« und die verbrecherische zur »sauberen Wehrmacht« gemacht. Diese Legenden konnten, nach ersten kritischen Studien in den 1980er Jahren, 1995 durch die Hamburger Wehrmachtsausstellung zerstört werden. Ein Beitrag zur Erinnerungskultur, der die Dimensionen des Vernichtungskriegs angemessen würdigt.

Chaja Boebel / Frank Heidenreich/Lothar Wentzel (Hrsg.)
Neuanfang 1945
Belegschaften und Betriebsräte setzen die Produktion in Gang
132 Seiten | € 10.80
ISBN 978-3-89965-705-0

Die AutorInnen untersuchen die Neugründung von Betriebsräten und ihre Tätigkeit in den ersten beiden Nachkriegsjahren ebenso wie den gewerkschaftlichen Neuanfang und die Entwicklung der Einheitsgewerkschaft in den Westzonen.

Ludwig Elm/
Manfred Weißbecker u.a.
Das faschistische Echo der Vergangenheit
Lehren von Weimar für linke Politik heute
Eine Veröffentlichung der Rosa-Luxemburg-Stiftung Thüringen
124 Seiten | € 10.00
ISBN 978-3-96488-089-5